KB067099

실무에 바로 써먹는 UX 라이팅

서비스 기획   UX/UI 디자인   프로덕트 개발

micro copy

➡ 쉽게 이해하고
빠르게 활용한다!

실무에 바로 써먹는
UX 라이팅

따라만 하면 되는 마이크로카피 쓰기 🔍

다카하시 시게코, 도미나가 아쓰코 지음 | 이은혜 옮김 | 현호영 감수

프로덕트 매니저와 UX 디자이너의 필독서!   이론 + 실무

유엑스리뷰

들어가며

비즈니스를 하는 사람이라면 누구나 사용자에게 제품과 서비스를 글로 설명하는 일을 경험하게 됩니다.

지금까지의 비즈니스 라이팅은 그런 상황에서 '정확하고 알기 쉽게 전달하기'를 목표로 삼아 왔습니다. 물론 '정확하고 알기 쉽게 전달하는 일'은 무엇보다 중요합니다.

하지만 이제 그것만으로는 부족합니다. 사용자의 마음에 좀 더 가까이 다가가 사용자의 니즈를 파악하고 이를 충족시키는 라이팅 기술이 필요합니다. 그것이 바로 'UX 라이팅^{User Expence Writeriing}'입니다.

이 책은 UX 라이팅 입문자가 다음의 목표를 이룰 수 있도록 도움을 줄 것입니다.

UX 라이팅이란 무엇이며 어떤 장점이 있는지 이해한다

이 책은 UX 라이팅의 사례를 소개합니다. 이를 통해서 UX 라이팅이 어떤 상황에서 어떻게 쓰이고, 어떤 효과를 가져오는지 구체적으로 알 수 있습니다.

UX 라이팅의 프로세스를 이해한다

UX 라이팅은 사용자의 사용 상황 분석, 사용자 니즈의 명확화, 대책 마련 및 적용, 평가라는 일련의 프로세스로 구성되어 있습니다. 이 책은 그 과정을 구체적인 예를 통해 설명합니다.

UX 라이팅을 경험한다

UX 라이팅을 구사하려면 연습이 필요합니다. 이 책에는 장별로 연습 문제가 준비되어 있습니다. 연습 문제를 풀면서 UX 라이팅을 경험해 보시기 바랍니다.

이 책이 UX 라이팅 입문서로서 조금이나마 도움이 되기를 기원합니다.

도미나가 아쓰코

이 책을 읽기 전에

필요한 부분만 읽어도 OK!

이 책은 총 5장으로 구성되어 있습니다. 각 장은 독립된 내용으로 구성되어 있어 궁금한 부분만 확인할 수 있습니다.

제1장 UX가 비즈니스를 바꾼다

UX(사용자 경험)란 무엇인지 소개합니다. UX 디자인이 주목받는 이유가 무엇인지, 그 배경과 장점을 설명합니다.

제2장 UX 라이팅으로 문제를 해결한다

UX 라이팅의 성공 사례 네 가지를 소개합니다. 구체적인 사례를 통해 UX 라이팅의 효과를 알 수 있습니다.

제3장 UX 라이팅 프로세스

UX 라이팅에서는 사용자 경험이 중요합니다. 그렇다면 사용자 경험은 어떻게 얻을 수 있을까요? 3장에서는 UX 라이팅 프로세스 중 사용자 관찰, 페르소나persona, 고객 여정 지도Customer Journey Map와 같은 기법들을 설명합니다.

제4장 알기 쉬운 글쓰기의 포인트, UX 스타일 가이드

'사용자가 알기 쉽고 믿을 수 있는' 글쓰기를 소개합니다. 잘못된 사례와 개선된 사례를 통해 무엇이 문제이며 어떻게 개선할 수 있는지 배울 수 있습니다.

제5장 효율적으로 전달하기 위한 개선

5장에서는 개선의 결과를 확인하는 방법을 소개합니다. 설문 조사 작성 요령, A/B 테스트 방법, 리뷰review에 관해 설명합니다.

사내 연수나 교육용 교재로도 OK!

이 책은 UX 라이팅 입문자를 위한 책입니다. 'UX 라이팅이란 무엇인가' 에서 시작해 UX 라이팅의 사례, 전체 프로세스, 라이팅 기법, 개선 결과 확인까지 차례대로 배울 수 있습니다. 독학으로 지식을 쌓아 업무에 활용 하는 자기 학습용 교재는 물론, 사내 연수나 교육에서 교재로 활용하기에 도 안성맞춤입니다.

각 장에는 핵심 내용만 담아 분량이 부담 없도록 하였습니다. 학원이나 대 학교의 강의 1~2회분에 해당합니다. 또한, 각 장의 마지막 부분에는 학습 자를 위한 연습 문제가 실려 있어 각자의 답을 가지고 다른 학습자와 함께 토론도 할 수 있습니다.

차례

들어가며   004

이 책을 읽기 전에   006

제1장 —— **UX가 비즈니스를 바꾼다** ——————

1.1 상품보다 경험! UX가 주목받는 이유   012

1.2 사용자는 누구인가?   017

1.3 사용자와의 연결고리, 화면   022

1.4 공감과 행동을 끌어내는 마이크로카피   027

1.5 사용자 경험을 높여 업무에 활용한다   032

1.6 업무용 메신저로 경험을 효율적으로 공유한다   037

1.7 DX와 UX의 관계   042

연습 문제   047

Column 사회가 변해도 사람은 살아가야 한다   051

제2장 —— **UX 라이팅으로 문제를 해결한다** ——————

2.1 다양한 업종과 분야에서 활용하는 UX 라이팅   054

2.2 서비스, 공동 가치를 만들고 언어로 전달한다   056

2.3 상품의 가치를 높이고 궁금증을 풀어 주는 FAQ   064

2.4 현장에 답이 있다   071

2.5 제한된 시간 안에 필요한 정보만!   078

연습 문제   083

Column 어서티브하게 생각하기   088

제3장 ── UX 라이팅 프로세스 ──────

3.1 UX 디자인 프로세스의 활용   092

3.2 관찰과 인터뷰로 사용자를 파악한다   097

3.3 페르소나 기법으로 사용자의 얼굴을 가시화한다   101

3.4 고객 여정 지도로 행동을 파악한다   109

3.5 프로토타이핑으로 형태를 만든다   113

3.6 끊임없이 반복하는 '평가 후 개선'   117

연습 문제   119

Column 재난지원금과 마이넘버포인트, 신청 시스템
사용에 혼란 속출   123

제4장 ── 알기 쉬운 글쓰기 포인트, UX 스타일 가이드 ─

4.1 무조건 짧고 간결하게   128

4.2 대화를 나누듯이 쓴다   132

4.3 사용자 관점의 언어를 선택한다   134

4.4 친절도 강도 조절이 필요하다   138

4.5 힌트를 제공한다   142

4.6 실패를 기회로 바꾸는 글쓰기   144

4.7 전문 용어 사용은 적당히!   147

4.8 번역하기 쉬운 예문 작성법   151

연습 문제   153

제5장 ——— 효율적으로 전달하기 위한 개선 ———————

5.1 설문 조사로 개선 결과를 확인한다   160

5.2 여러 관점에서 설문 조사를 분석한다   166

5.3 비교해서 확인한다   170

5.4 리뷰를 통해 완성도를 높인다   174

5.5 조직 차원에서 평가/개선 프로세스를 반복한다   178

연습 문제   183

Column 혼자서 UX 라이팅을 시작하기 위한 팁!   187

마치며   190

제1장

UX가
비즈니스를
바꾼다

상품보다 경험!
UX가 주목받는 이유

상품 구매에서 경험으로: TV와 영상의 변화

전 세계로 코로나바이러스감염증^{COVID-19}이 퍼졌던 2020년, 우리의 '경험 방식'은 큰 변화를 맞았다. 업무 처리 방식은 물론, 구매 방법, 타인과의 교제 방식도 달라졌다. 사회가 중시하는 가치가 소유에서 경험으로 옮겨 가고 있다는 지적은 몇 해 전부터 이어졌는데, 이 점이 더욱 분명하게 드러났다. **'상품'에서 '경험'으로, 서비스 디자인의 변혁이 일어나고 있다.**

이러한 변화의 조짐은 눈에 띄지 않게 조용히 일어났다. 예컨대 영상을 즐기는 방식을 보면 최근 60년간 크게 변화했다는 사실을 알 수 있다. 1960년대 일본의 고도 경제성장기에는 영상을 즐기려면 텔레비전이라는 상품을 구매해야만 했다. 집집이 텔레비전을 한 대씩 들여놓고 온 가족이 거실에 모여 시청하는 것이 영상을 경험하는 일반적인 형태였다. (그림 1.1.1)

1970년대에는 비디오 플레이어를 텔레비전에 연결해 녹화한 방송을 볼 수 있게 되었고, 1980년대에는 텔레비전에 연결하는 게임기가 큰 인기를 끌었다. 경험은 텔레비전이라는 상품을 통해 늘어 갔다.

그러다 2000년대에 들어서면서 영상을 즐기는 상품은 가정용 텔레비전에서 PC, 스마트폰과 태블릿PC로 변하기 시작했다. 지금은 각자가 원하는 영상을 언제든지, 보고 싶을 때, 자유롭게 즐길 수 있다. 그뿐만 아니라 유튜브 같은 서비스를 이용해 스스로 영상을 제공하는 사람도 늘어나고 있다.

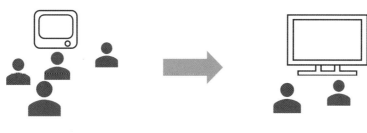

- 1960년대~1970년대
  한 집에서 한 대의 TV를 온 가족이
  함께 시청

- 1980년대~2000년대
  한 집에 여러 대의 TV 또는 PC
  가 있어 혼자 또는 소수의 인원
  이 시청

- 현재
  스마트폰이나 태블릿PC로 언제
  든지 원하는 시간에 혼자서 시청

▶ 그림 1.1.1 영상 이용 형태로 보는 상품에서 경험으로의 변화

사용자와의 접점이 승패를 가른다

인터넷이 비약적으로 대중화된 2000년대 이후부터는 인터넷을 통해 매일 새로운 서비스들이 제공되고 있다. 이렇게 수없이 쏟아지는 서비스 중에서 자사의 서비스를 선택하게 하려면 사용자와의 연결고리를 어떻게 만드는지가 중요해진다.

그래서 사용자와의 접점인 스마트폰과 태블릿PC 화면을 통해 메시지를 전달하고 작성하는 방식이 중요해졌다. 요즘은 온라인 동영상 제공 서비스(OTT 서비스)의 회원 가입 화면을 보면 그림 1.1.2와 같이 달라졌다.

▶ 그림 1.1.2 **OTT 서비스의 메인 화면 이미지**

제조와 기능 관점 vs UX 관점

OTT 서비스의 신규회원가입 화면을 기존의 기능 중심 관점으로 보면 일반적으로 '바로 시작하기'가 아니라 '신규회원가입'이라는 버튼을 사용하게 된다. 이는 제공자 관점의 전달 방식이다.

반면 '바로 시작하기'의 주체는 사용자다. '서비스 이용'이라는 경험을 시작하려는 사용자의 관점에서 쓴 표현이다. **UX**User Experience**(사용자 경험)를 고려한 언어 사용과 글쓰기를 'UX 라이팅'이라 한다.** UX 라이팅은 사용자 관점의 표현을 사용해 사용자가 실제로 행동하게 만든다.

사용 전, 사용 중, 사용 후, 모두가 UX

스포츠용품 브랜드 나이키NIKE는 스포츠 관련 용품뿐만 아니라, 스포츠 경험을 통해 고객에게 다가가려고 노력하는 기업으로 유명하다.

나이키는 온라인 스토어와 웹사이트의 UX를 개선해 전 세계 고객들과의 연결고리를 만들고 있다.

그림 1.1.3은 나이키의 스마트폰 앱 화면이다. 단지 회원 가입만 유도하는 것이 아니라 "나이키 회원에게 최고의 상품, 창조적 영감, 스포츠 관련 스토리를 전합니다"라는 사용자 관점으로 표현한 문구를 사용했다.

UX 디자인은 서비스 사용 전, 사용 초기, 안정적 사용 시기, 그리고 때로는 서비스 해지 시까지 사용자 경험에 맞춘 화면과 메시지를 제공한다.

사용자가 겪고 있는 상황에 맞춘 화면을 통해 사용자 관점의 언어로 전달해서 기업과 사용자의 연결고리를 만들어 간다. 이로써 서비스에 대한 신뢰도는 높아지고 브랜드 가치도 향상된다.

▶ 그림 1.1.3 나이키 스마트폰 앱 화면

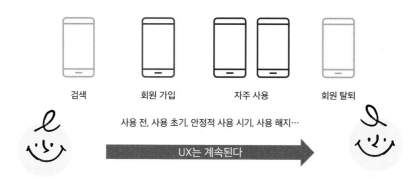

검색 회원 가입 자주 사용 회원 탈퇴

사용 전, 사용 초기, 안정적 사용 시기, 사용 해지…

UX는 계속된다

▶ 그림 1.1.4 UX는 시간의 흐름에 맞춰 사용자와 함께한다.

사용자는 누구인가?

사용자와 동떨어진 시스템

머리로는 사용자가 제일 중요하다는 사실을 알면서도 우리는 종종 사용하기 불편한 시스템이나 제공자 관점의 서비스를 만들어 버린다. 지금까지 **기능 중심으로 시스템이나 서비스를 개발해 왔기 때문이다.** 경쟁사와 차별화된 기능과 기술만 중시한 나머지 사용자에 대한 배려가 부족했다.

사실 사용자는 그렇게 많은 기능을 원하지 않는다. 그림 1.2.1처럼 사용자와 개발자가 동떨어진 시스템이나 서비스는 막상 사용하기가 불편해 신뢰를 얻지 못한다. 결국 사용자는 등을 돌리고 비즈니스도 실패로 돌아간다. 만약 이 시스템이 행정 시스템이었다면 세금 낭비라는 비난을 받아도 할 말이 없을 것이다.

이와 같은 과거의 실패를 해결하기 위해 사용자 관점의 서비스 개발 기법, 즉 UX 디자인이 기업, 행정, 지역 등 폭넓은 분야에서 주목을 받으며 적극적으로 도입되고 있다.

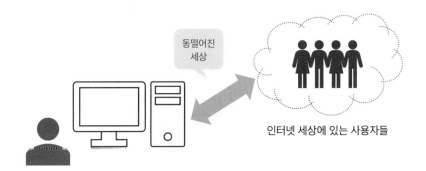

동떨어진
세상

인터넷 세상에 있는 사용자들

▶ 그림 1.2.1 인터넷 세상에 있는 사용자는 보이지 않는다.

스펙만 봐서는 모른다

요즘은 제품이나 서비스에 첨부된 취급 설명서나 사용자 매뉴얼의 정보 전달 방식도 제공자 관점에서 사용자 관점으로 변하고 있다. 기존의 취급 설명서와 사용자 매뉴얼은 일반적으로 기술 문서나 스펙을 바탕으로, 기능을 설명하고 조작 방법을 보여 주는 식이었다.

따라서 사용자는 어떤 기능이 필요한지를 파악해 그 부분을 찾아 읽어야 했다. 결국, 원하는 정보를 바로 찾을 수 없으니 '매뉴얼은 어려워서 보지 않는다'는 소리가 나올 수밖에 없는 것이다.

하지만 **최근 들어 사용자 관점의 정보 제공이 중요해지면서 스펙을 바탕으로 한 취급 설명서와 매뉴얼도 변하기 시작했다.** 종이에서 전자로 변해 가는 흐름도 한몫 거들었다. 요즘은 사용자가 필요한 정보를 빠르게 검색할 수 있도록 정보를 구조화하고 알기 쉬운 표현으로 제공한다.

사용자 관점으로 사용자와의 거리를 좁힌다

기존 방식대로 스펙을 바탕으로 취급 설명서나 사용자 매뉴얼을 만들면 사용자와의 거리는 점점 멀어질 수밖에 없다. 그래서 요즘은 UX 디자인 기법을 적용한다. **사용자의 페인 포인트**^{Pain Point}(불편함을 느끼는 지점)**와 니즈를 분석하고 사용자에게 와닿는 표현으로 정보를 전달하는 UX 라이팅을 매뉴얼 제작과 화면, 웹을 통한 정보 발신에 이용하고 있다.**

막연히 '사용자'라고만 보지 않고, 사용자가 가진 문제와 궁금증을 구체적으로 분석해 **시스템과 서비스를 전달**하는 것이 중요하다.

제품 스펙

가로막힌 벽

사용자

▶ 그림 1.2.2 사용자가 아니라 제품 스펙만 보고 정보를 제공한다.

사용자 범위는 넓게

UX 디자인을 할 때는 가장 먼저 사용자를 정의한다. 사용자는 어떤 사람들인지, 시스템을 다루는 사람은 누구고, **시스템을 사용하는 사람은 누구인지처럼 폭넓은 관점에서 사용자의 범위를 정한다.**

2020년 9월에 시작된 일본의 '마이넘버포인트 서비스'는 개인식별번호인 마이넘버(한국의 주민등록번호에 해당)와 연동시킨 시스템이다. 마이넘버포인트의 포인트 적립 서비스를 이용하려면 우선 지자체에 마이넘버 카드를 신청해야 한다. 신청 시스템의 사용자가 누구인지 생각해 보면, 발행 절차를 진행하는 행정기관 창구 담당자가 '직접 사용자', 발행된 마이넘버 카드를 사용하는 시민이 '간접 사용자'가 된다. 그림 1.2.3처럼 시스템은 하나지만 사용자에는 **직접 사용자와 간접 사용자가 존재한다**는 의미다.

인터넷 여행 예약 사이트를 예로 들면 여행을 예약하고 결제하는 아버지나 어머니는 직접 사용자다. 그리고 함께 여행을 가는 자녀와 할아버지, 할머니는 간접 사용자라 할 수 있다.

사용자 = 이해관계자^{stakeholder}

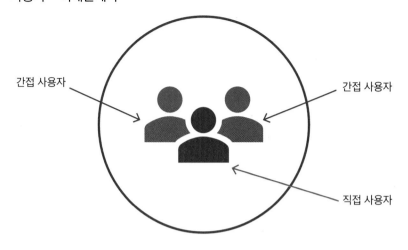

▶ 그림 1.2.3 UX에서 '사용자'는 직접 사용자뿐만 아니라 간접 사용자까지 포함한다.

직접 사용자, 간접 사용자, 수동적 사용자

사용 편의성과 서비스 품질을 높이기 위해 사용자를 더 세분화하기도 한다. 일본의 독립행정법인 '정보처리 추진 기구'는 2017년에 발행한 보고서 〈초연결사회 이용 품질-IoT 시대의 안전과 편의성을 실현하는 설계-〉를 통해 사용자를 표 1.2.1과 같이 분류했다. '소프트웨어 품질관리 국제표준^{ISO/IEC25010}'을 기준으로 분류했으며, **직접 사용자와 간접 사용자에 더해 수동적 사용자를 정의했다.**

예를 들어, 의료기기 시스템의 사용자라면 직접 사용자인 1차 사용자는 의료기기를 조작하는 기사이고, 2차 사용자는 시스템 관리자다. 간접 사용자는 검사를 받는 환자이며, 수동적 사용자는 보안을 위해 설치한 CCTV에 찍힌 사람들이 된다.

사용자		정의
직접 사용자		시스템과 상호 작용을 하는 사람. 1차 사용자와 2차 사용자로 구분한다.
	1차 사용자	주목표 달성을 위해 시스템과 상호 작용을 하는 사람
	2차 사용자	지원을 제공하는 사람
간접 사용자		시스템과 직접적 상호 작용은 하지 않지만 그로 인한 결과물을 얻는 사람
수동적 사용자		본인의 의도와 상관없이 시스템의 영향을 받는 사람

▶ 표 1.2.1 사용자 분류

사용자와의 연결고리, 화면

전 세대에서 증가한 인터넷 이용률

요즘은 어린아이부터 어르신까지 스마트폰이나 태블릿PC로 매일 인터넷을 한다. 한국의 행정안전부에 해당하는 일본 총무성이 매년 발행하는 〈정보통신백서〉 2020년도 판에 따르면 2019년의 일본의 인터넷 이용률은 그림 1.3.1과 같이 전 세대에서 2018년 대비 증가했다. 만 13세에서 만 69세까지 이용률이 모두 90%를 넘었고, 만 80세 이상의 고령층에서도 2017년에 21.5%였던 이용률이 2018년에는 57.5%로 절반이 넘었다.

속성별 인터넷 이용률

나이대별

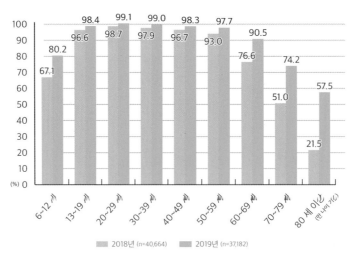

출처: 일본 총무성 2020년판 〈정보통신백서〉 p.338, '통신 이용 동향 조사'

▶ 그림 1.3.1 전 세대에서 증가한 인터넷 이용률

이제는 가족이나 지인과의 의사소통, 쇼핑과 같은 일상생활에서의 이용은 물론, 재난 정보 확인처럼 안심 생활을 위한 정보원으로도 인터넷을 이용하는 시대가 되었다.

많은 시간을 인터넷에 소비하는 젊은 세대

어린 시절부터 가까이서 디지털 기기를 접하고 활용해 온 젊은 세대는 하루에 긴 시간을 인터넷에 소비한다. 일본 내각부의 〈2019년도 청소년 인터넷 이용환경 실태조사 결과(속보)〉에 따르면 그림 1.3.2와 같이 하루에 **'취미, 오락'을 목적으로 인터넷을 이용하는 시간은 119.5분으로 거의 두 시간에 달한다.** '보호자, 지인 등과의 의사소통'은 43.9분, '공부, 학습, 지식 습득'은 33.3분으로 청소년들이 **일상의 많은 시간을 인터넷 이용에 소비한다는 사실을 알 수 있다.**

2020년 봄부터 코로나19 감염 확산 방지 대책으로 전국 학교와 대학이 휴교 또는 온라인 수업을 시작했다. 또한, 앞으로도 온라인 수업과 대면 수업을 병행하는 하이브리드형 수업방식을 유지하겠다고 발표하는 대학도 늘고 있다.

인터넷을 이용해 화면으로 배우고, 소통하는 방식을 새로운 표준(뉴노멀)으로 인식하는 세대는 앞으로 계속 늘어날 것이다.

목적별 청소년 인터넷 이용 시간

(이용 기기별 합산 / 평일 1일 기준)

	평균 이용 시간	
	2019년도	2018년도
공부, 학습, 지식습득 (n=2034)	33.3분	35.7분
취미, 오락 (n=2774)	119.5분	105.6분
보호자, 지인 등과의 소통 (n=2179)	43.9분	52.4분
기타 (n=1170)	16.5분	22.4분

※ 평균 이용 시간은 '사용하지 않음'은 0분으로, '모른다'는 제외하고 평균치 계산
※ 이용 시간은 응답자가 이용한 각 기기의 사용 시간을 합산한 시간
※ 2019년도 총응답자 (n=2977), 초등학생 (n=933), 중학생 (n=1180), 고등학생 (n=860), 2018
　년도 총응답자 (n=2870), 초등학생 (n=847), 중학생 (n=1118), 고등학생 (n=894)

출처: 일본 내각부 〈2019년도 청소년 인터넷 이용환경 실태조사 결과

▶ 그림 1.3.2 젊은 세대가 하루에 '취미, 오락'을 목적으로
인터넷을 이용하는 시간은 약 두 시간에 달한다.

사용자와 서비스의 접점 = 터치 포인트

인터넷 서비스는 화면을 통해서 사용자와 만난다. 신규회원가입을 할 때
나 서비스를 이용할 때와 같이 다양한 상황에서 **사용자와 연결되는 접점
을 UX 디자인에서는 '터치 포인트**Touch Point**'라고 한다.**
**인터넷 서비스에서는 터치 포인트를 늘려 사용자와 더 많은 연결고리를
만드는 것이 중요하다.** 따라서 각 터치 포인트에 사용자 관점에서 이해하
기 쉬운 메시지를 적용하는 'UX 라이팅'에 주목하는 기업이 늘고 있다.

사용자에게 다가가 행동하게 만든다

스마트폰 앱과 웹사이트를 보면 사용자의 서비스 이용을 유도하기 위해 기업들이 다양한 아이디어를 내고 있다는 사실을 알 수 있다. 그림 1.3.3 의 세 가지 그림은 일본의 종합 취업 정보 회사 리크루트마케팅파트너즈 Recruit Marketing Partners가 제공하는 학습 앱 '스터디 서플먼트 ENGLISH 비즈니스 영어 코스'의 화면이다.

앱을 다운로드하는 앱 스토어의 소개글에는 "회의, 협상, 프레젠테이션에서 사용할 수 있는 실용 영어를 익힌다"라고 쓰여 있다. **비즈니스에서 영어가 필요한 상황을 언급해 의욕을 높이는 표현이다.** 또한 '자투리 시간 이용'이라는 표현으로 '바빠서 꾸준히 할 수 있을까?' 하고 걱정하는 **사용자의 마음을 파고드는 UX 라이팅 기법을 적용했다.**

앱 설치 후의 화면에서는 '무료 레슨 시작하기' 버튼으로 비즈니스 영어 코스를 무료로 경험할 수 있다는 점을 강조한다. '일단 무료로 체험해 볼까'라는 **사용자의 공감을 끌어낸 표현이다.**

다음 화면에서는 앱이 자동으로 뜨는 '알림' 기능에 대한 설명이 나온다. '알림' 기능은 매우 효과적인 터치 포인트지만, 여러 앱을 사용하다 보면 귀찮아서 알림을 꺼 놓는 사용자가 많다. 이에 스터디 서플먼트는 "알림 활성화로 학습 지속률 약 1.7배 UP"이라는 **장점을 사용자에게 전달해 알림을 활성화하도록 유도한다.**

앱 스토어의 소개

설치 후 화면

알림 허용에 관한 설명 화면

출처: 리크루트마케팅파트너즈의 학습 앱 '스터디 서플먼트 ENGLISH 비즈니스 영어 코스'

▶ 그림 1.3.3 스마트폰 앱 '스터디 서플먼트 ENGLISH 비즈니스 영어 코스'의 화면

공감과 행동을 끌어내는 마이크로카피

짧은 문구 한 줄이 승부를 가른다

일본 총무성의 2020년판 〈정보통신백서〉에 따르면 이 책을 집필하던 시기에 가장 많이 쓰이던 인터넷 기기는 스마트폰이다. 스마트폰 이용을 전제로 하면 컴퓨터나 태블릿PC보다 작은 화면을 통해 어떤 메시지를 전달하고 행동하게 만드는지가 승패를 가른다.

따라서 스마트폰의 작은 화면에 표시되는 메시지와 버튼, 입력창 작성 예시는 짧아야 하는데, UX 라이팅에서는 이런 짧은 글을 '마이크로카피 Microcopy'라고 한다.

사용자가 알기 쉽고, 쉽게 공감하는 마이크로카피를 적용하면 신규 회원 유치와 같은 성과conversion(전환)로 이어져, 사용자는 늘어나고 경쟁력은 높아진다. 그래서 인터넷 기업은 신규 회원 가입을 유도하는 버튼에 어떤 마이크로카피를 적용할지 매일 검토하고 개선한다. 이때 A 유형과 B 유형을 준비해서 성과를 올리는 쪽을 채택하는 'A/B 테스트'를 평가에 활용하기도 한다.

지금 바로 시작하게 하려면

버튼에 사용한 마이크로카피를 보면 기업이 어떤 전략으로 성과를 내려하는지 알 수 있다.

그림 1.4.1과 1.4.2는 둘 다 인터넷으로 영화와 드라마를 제공하는 서비스다. 신규 회원 가입 버튼의 마이크로카피를 살펴보자.

넷플릭스Netflix의 버튼에는 "80엔(부가세 별도, 한화 약 850원)으로 지금 바로 시작"이라고 쓰여 있다. (주: 기간 한정 프로모션 화면) 훌루Hulu는 "2주간 무료 체험"이라는 표현을 사용했다. 두 곳 다 무료 또는 소액으로 바로 시청할 수 있다는 점을 강조하고 있다.

기간 한정 프로모션 화면

출처: https://www.netflix.com

▶ 그림 1.4.1 넷플릭스 메인 화면

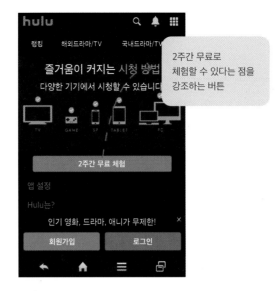

출처: https://www.hulu.jp

▶ 그림 1.4.2 홀루 메인 화면 (스크롤해서 내린 화면)

사용자를 돕는다는 인상을 심어 준다

마이크로카피로 회원 가입이나 구매 유도만 하는 것은 아니다. 입력창에
표시된 회색 글자도 마이크로카피의 일종이다. **입력창의 역할을 알려 주**
어 사용자가 편안하게 이용할 수 있도록 하는 역할도 한다.

그림 1.4.3은 마이크로소프트^Microsoft 지원센터의 메인 화면이다. 입력창에
"무엇을 도와드릴까요?"라는 마이크로카피가 떠 있다. 친절하고 상냥한
인상을 주는 문구다. 이 문구를 보면 사용자는 편안한 마음으로 입력창에
궁금한 사항을 입력할 수 있다.

곤란한 상황이 생겨 지원 센터에 접속한 사용자의 마음을 헤아려 우선 안
심할 수 있도록 배려하는 자세가 엿보인다. 또한, 문제가 생겼거나 서비스
에 불만이 있는 사용자의 마음을 달래 주는 효과도 있다.

출처: https://support.microsoft.com/ja-jp

▶ 그림 1.4.3 마이크로소프트의 지원센터 화면

친근하게 다가가 정보를 제공한다

업무용 메신저 서비스 '슬랙^{Slack}'은 친근한 표현의 마이크로카피를 잘 활용하고 있다.

그림 1.4.4는 슬랙의 고객지원센터 메인 화면이다. **큰 글자로 "안녕하세요! 무엇을 도와드릴까요?"라고 인사를 건네는 듯한 마이크로카피가 친근하고 싹싹한 인상을 준다.** 입력창 아래에는 '문제 해결 관련 인기 주제'라고 쓰여 있다. 자주 검색하는 키워드에 **'인기 주제'라는 표현을 사용해 문제라는 부정적인 경험을 긍정적으로 받아들일 수 있도록 배려했다.**

이렇게 버튼이나 화면상의 메시지, 입력창 부분에 쓰이는 짧은 글, 즉 마이크로카피에 신경 쓰며 사용자와 소통하는 것이 UX 라이팅의 특징이다.

출처: https://slack.com/intl/ja-jp/help

▶ 그림 1.4.4 슬랙의 고객지원센터 화면

사용자 경험을 향상하여 업무에 활용한다

UX 라이팅을 일상 업무에 활용하기

사용자의 행동을 정리해 바람직한 상태와 목표로 이끌어 가는 **UX 디자인과 사용자 관점으로 전달하고 특정 행동을 하도록 하는 UX 라이팅 기법은 일상 업무에도 활용할 수 있는 기술이다.**

시스템 부문 종사자라면 사용자의 문제에 접근해 해결 방법을 알려 주는 수단으로 UX 라이팅을 활용할 수 있다. 또한, 일반 업무 부문 종사자라면 사내에서 각종 신청서나 문서를 작성할 때 UX 라이팅 기법을 적용할 수 있다.

UX 라이팅은 전문가만 쓸 수 있는 글쓰기 기술이 아니다. 사내 관계자나 팀 동료를 사용자라고 생각하면, 그들의 사용자 경험을 높여 더 나은 상태로 만드는 정보를 글로 전달해야 할 일은 얼마든지 있다. 알기 쉬운 글로 전달하면 팀 전체 업무가 효율적으로 진행되어 생산성이 높아진다.

정보 시스템 부문 담당자와 일반 업무 부문 담당자의 사례를 통해 UX 라이팅을 비즈니스에 활용하는 방법을 살펴보자.

사내 사용자의 의견을 FAQ에 활용하기

정보 시스템 부문은 사원과 관계자가 쉽게 사용할 수 있는 시스템을 개발, 운용하는 일을 담당한다. 그러다 보니 매일 사용자들의 문의에 답하고 대응해야 한다.

최근 몇 년 사이 클라우드 서비스를 활용한 시스템 이전과 각종 절차의 디지털화가 활발히 진행되고 있다. 하지만 이러한 변화에 적응하지 못해 당황하는 사원이나 관계자는 언제나 있기 마련이다.

그래서 **업무 효율화와 생산성 향상을 위해 사용자 평가를 바탕으로 개선을 거듭하는 UX 디자인 프로세스가 필요하다.** UX 디자인은 그림 1.5.1과 같이 평가에서 개선으로 이어지는 프로세스를 통해 사용자의 문제를 파악한다. 구체적으로 말하자면 사용자 설문 조사를 실시하거나(5.1 참고) 시스템과 사용자 매뉴얼을 개선하기도 한다.

같은 질문을 자주 받는다면 FAQ(자주 하는 질문)**를 사내 인터넷에 올리는 방법이 효과적이다.** 이때 중요한 것은 사용자 관점에서 설명하고 이해하기 쉽게 답해야 한다는 점이다. 에러 표시가 떠서 당황한 사용자가 진정하고 대처할 수 있도록 답변을 작성해야 한다. (4.6 참고)

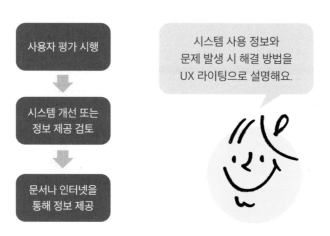

사용자 평가 시행

↓

시스템 개선 또는
정보 제공 검토

↓

문서나 인터넷을
통해 정보 제공

시스템 사용 정보와
문제 발생 시 해결 방법을
UX 라이팅으로 설명해요.

▶ 그림 1.5.1 정보 시스템 부문의 업무 개선 사례

UX 라이팅 기술을 사용해 사용자를
안심시키고 도움이 되는 경험을 제공한다.

【접속 관련 질문과 답변】

Q. 패스워드를 몇 번 잘못 입력했더니 로그인이 안 돼요.
A. 시스템 보안 강화를 위해 잘못된 패스워드를 4회 연속 입력하면
   접속할 수 없게 되어 있습니다.
   정보시스템부 지원센터(XXXX-XXXX-XXXX)로 연락 바랍니다.
   본인 확인 후 다시 이용할 수 있습니다.

▶ 예문 1.5.1 사내 사용자의 경험을 높이는 질문과 답변 사례

일반 업무 부문의 소통 개선에 활용하기

기업의 숨은 조력자로 불리는 총무나 인사 같은 일반 업무는 직원들과 글
로 소통하는 일이 많다. 또한 다양한 인재들이 모여 일을 하고, 원격 근무
를 비롯한 다양한 형태의 근무 방식이 가능해지면서 사내 소통의 중요성
은 한층 높아졌다. 따라서 더 나은 근무 환경을 만들기 위해 **UX 디자인과
UX 라이팅 기법을 활용해 보자.**

지금까지 서면으로 진행하거나 만나서 확인해야 했던 업무 프로세스를 개
선하고, 자연스럽게 정착할 수 있도록 **사용자 관점의 UX 라이팅을 적용
해 알기 쉽게 설명해 보자.** 회사 직원들이 언제든지 볼 수 있는 사내 포털
이나 그룹웨어에 올려 두면 말로 설명했을 때보다 업무가 효율적으로 진
행된다.

그림 1.5.2와 같이 **업무 프로세스 관련 개선 사항이 구체적인 행동으로 이
어지도록 사용자 관점에서 전달하고 정보를 공유하자.**

▶ 그림 1.5.2 총무 업무 부문의 개선 사례

템플릿에 힌트를 넣어 둔다

업무에 사용하는 다양한 보고서는 소속 부서와 목적에 따라 형식이 제각 각일 수 있다. 그래서 신입 사원이나 부서를 옮긴 직원은 작성법을 몰라 당황하고, 결국 수정하느라 시간과 노력을 허비하기도 한다.

이런 업무 처리 방식을 개선하려면 **작성 템플릿만 제공할 것이 아니라 '어 떻게 작성하면 되는지'를 알려 주는 힌트도 함께 제공해야 한다. UX 라이 팅에서는 입력창에 사용자가 알기 쉬운 메시지나 작성 예시를 적어 둔다. 이와 마찬가지로 비즈니스 서류 템플릿에도 힌트나 작성 예시를 적어 두자.** (그림 1.5.3)

또한 평상시 자주 사용하는 업무 문서를 수정할 때는 실제 사용하는 사람, 즉 사용자 관점에서 문제가 없는지 확인하고 알기 쉬운 표현으로 설명해 야 한다. 사용자 불만을 해결하면 소통이 원활해지면서 사원 업무 부문의 평가도 올라갈 것이다.

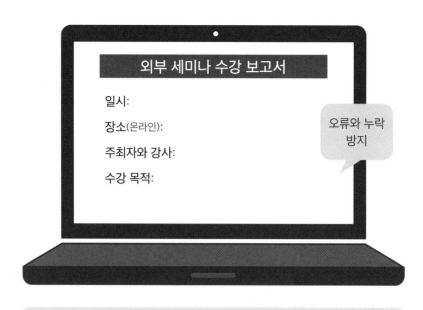

▶ 그림 1.5.3 입력 폼이나 템플릿에 입력해야 할 내용을 알 수 있도록 단서를 명시한다.

업무용 메신저로 경험을 효율적으로 공유한다

UX 라이팅의 장점을 경험한다

협업 툴로 업무용 메신저 서비스를 이용하는 기업과 프로젝트가 늘고 있다. 메신저는 빠르게 정보를 공유할 수 있다는 장점이 있다. 이런 점에서 짧은 문장으로 정보를 전달하고 특정 행동을 하도록 만드는 UX 라이팅과 통하는 부분이 있다. 따라서 메신저에서도 UX 라이팅 기법을 활용할 수 있다. 덤으로, 어떻게 하면 **짧은 문장으로 생각을 전달하고 원하는 행동을 끌어낼 수 있는지 매일 연습할 수 있다는 장점도 있다.**

슬랙Slack과 같은 업무용 메신저는 보통 다음과 같은 커뮤니케이션 기능을 갖추고 있다.

- 글로 전달하므로 내용을 정리해서 말할 수 있다.
- 이모티콘을 사용해 빠르게 반응을 보일 수 있다.
- 관련 링크나 영상, 파일을 보낼 수 있다.

짧고 명확하게 전달하는 UX 라이팅

위와 같은 장점을 가진 메신저에서는 말을 짧고 간결하게 전달하는 것이 중요하다. **바이그토카씨서팀 짧은 문구도 사용자를 행동하도록 만드는 UX 라이팅 기법을 활용해 보자.**

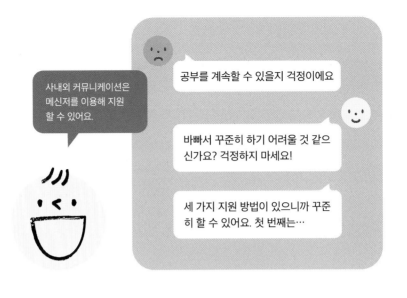

▶ 그림 1.6.1 업무용 메신저에서 UX 라이팅 기법을 활용한다.

다만 **짧게 쓴다고 해서 무조건 하고 싶은 말을 다 간결하게 전달할 수 있
는 것은 아니다. 상대가 무엇을 알고 싶어 하는지에 주목해서 상대의 관점
으로, 사용자를 행동하도록 만드는 사실을 담아야 한다.**
한 문장에 한 가지 의미만 담는 '일문일의(一文一義)' 문장으로 쓰면 전달하
고 싶은 내용을 명확하게 전할 수 있다. 정보량이 많아 문장이 길어진다면
두 문장으로 나누면 된다. (4.1 참고)

팀 내부의 새로운 라이팅 규칙을 만든다

메신저는 대화하듯 간결하게 쓰는 문체가 특징이지만, 라이팅 관련 연수
를 가면 막상 업무용 메신저에서 "어느 수준까지 편하게 말해도 되는지

고민이다", "직책이 높은 사람과 대화할 때 어느 정도로 격식을 갖춘 표현을 써야 하는지 모르겠다"라는 고민을 자주 듣는다.

직장이나 팀의 분위기, 문화에 따라 다르겠지만 **사용자 경험을 높일 수 있는지 없는지는 상대를 배려하는 마음에 달려 있다.** 업무용 메신저 사용은 아직 한창 발전 중이다. '이렇게 써야 맞다'라는 식의 정론에 얽매이지 말고, **각자의 팀에서 다 함께 더 나은 소통을 할 수 있는 라이팅 규칙을 만들어 보자.** 사내에 그런 문화가 생기면 사외 서비스 발전으로도 이어진다.

효율적인 정보 공유 방법

업무용 메신저를 활용해 효과적으로 정보를 공유하려면 팀 구성원이 정보 공유 의식을 가지고 매일 실천해야 한다.

슬랙은 글쓰기만이 아니라 파일을 공유하거나 필요에 따라 화상 통화도 가능해서, 목적에 맞는 소통 방법을 고를 수 있다는 강점이 있다. **효율과 효과를 따져 어떤 식으로 구분하면 좋을지 생각해서 사용하자.**

업무용 메신저는 정보를 빠르게 주고받을 수 있다는 장점이 있지만, 대화가 길어지면 과거에 주고받은 대화에서 필요한 정보를 찾는 데 시간이 걸린다. 그래서 **주제별로 나눠서 대화해야 나중에 확인하기 편하다.** 슬랙에는 '스레드에 댓글 달기' 버튼이 있어 클릭하면 하나의 주제에 관해서만 의견을 나누거나 정보를 추가할 수 있다. 정보를 편하게 공유할 수 있는 기능은 적극적으로 활용하자.

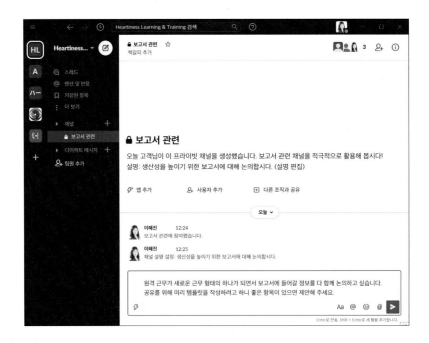

▶ 그림 1.6.2 슬랙은 긴 글도 올릴 수 있지만, 주제별로
정리해 올리면 정보를 공유하기 편하다.

정보를 구조적으로 정리한다

또한 조직에서 메신저를 효과적으로 활용하려면 주제별로 구분할 수 있는
'워크 스페이스'와 '채널'을 사용해, 조직의 체제와 프로젝트에 맞춰 정보
를 구조적으로 정리해야 한다. 그림 1.6.3에 제시된 정보 정리 기능을 이해
해 두도록 하자.

채널을 나누지 않아서 하나의 채널에 여러 가지 주제가 마구 섞이면 공유
한 정보를 놓치는 일이 생겨 논의를 진행하기 어렵다. 따라서 메신저를 사
용하기 전에 워크 스페이스와 채널 설정을 관계자들과 협의해 공통된 인
식을 갖도록 하자.

업무용 메신저를 100% 잘 활용하는 요령은 작게 시작해서 서서히 키워 가는 것이다. 처음에는 채널을 많이 나누지 말고 단순한 구조로 논의를 시 작한 후에, 서비스를 평가해 가며 필요에 따라 늘려 간다. 이는 3장에서 설 명할 UX 디자인 프로세스 진행 방법과도 같은 맥락이다.

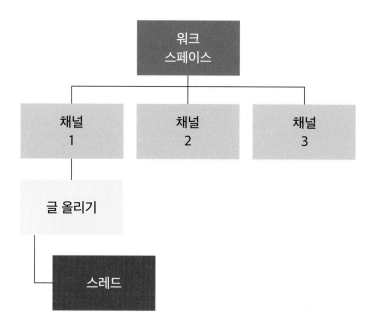

▶ 그림 1.6.3 워크 스페이스 안에서 주제별로 채널을 나누어 구조적으로 정리한다.

DX와 UX의 관계

DX의 기본도 사용자 니즈

디지털 전환DX, digital transformation은 정체된 일본 경제를 살리기 위한 전략으로 주목받아 추진되기 시작했다. 일본 경제산업청은 2018년에 〈디지털 전환 추진을 위한 가이드라인〉을 발표하고 국가 차원에서 디지털 전환을 추진해 왔다. 그들은 디지털 전환을 다음과 같이 정의했다.

> 기업은 급변하는 비즈니스 환경에 대응하고 데이터와 디지털 기술을 활용하여 고객과 사회의 니즈를 바탕으로 한 제품과 서비스, 비즈니스 모델을 혁신한다. 이와 함께 업무 자체와 조직, 프로세스, 기업 문화/풍토를 혁신하여 경쟁의 우위를 확보하는 것이다.

포인트는 "고객과 사회의 니즈를 바탕으로"라는 부분이다. '효율과 시스템이 아니라 고객, 즉 사용자의 니즈를 기점으로 삼았다'는 점이 사용자 경험을 중요시하는 UX 디자인적 사고와 닮았다. 사람을 중심으로 현재의 문제를 밝혀내고 바꿔 가겠다는 뜻이다.

위드 코로나 시대, DX를 향한 속도 올려야

지금까지는 혁신의 중요성은 인식하고 있었지만, 기존의 비즈니스 습관과 조직 체계에 얽매여 대기업을 제외하고는 좀처럼 디지털 전환이 이루어지지 않았다. 하지만 2020년 코로나19의 확산으로 업무 처리 방식은 큰 변화를 맞았고, 행정기관이나 기업은 이 기회에 디지털 전환이 이루어지지 않을까 기대하고 있다.

그림 1.7.1은 일본 총무성의 보고서 〈2020년 정보 통신에 관한 현상 보고〉 개요에 실린 그림을 바탕으로 작성한 위드 코로나^{With Corona} 사회의 모습이다. **"인간의 생명 보호를 전제로 사이버 공간과 현실 공간이 완전히 동기화되는 사회로 향하는 불가역적 진화가 새로운 가치를 창출한다"라고 말하고 있다.**

근무 형태를 보면 그림 1.7.2와 같이 미팅과 회의로 소통을 했던 코로나 이전 시대에는 비즈니스를 보완하고 효율을 높이기 위해 IT를 사용했지만, **위드 코로나 시대에는 원격 근무가 대표하듯이 비즈니스와 디지털을 일체화해서 사용하는 것이 특징이다.** 이러한 변화가 디지털 전환의 추진력이 되지 않을까 기대하고 있다.

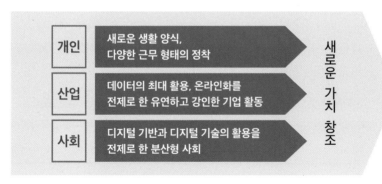

출처: 일본 총무성 〈2020년 정보 통신에 관한 현상 보고〉

▶ 그림 1.7.1 위드 코로나로 달라진 사회 구조

▶ 그림 1.7.2 소통 방법의 변화로 일체화된 비즈니스와 디지털

서비스 디자인 사회의 목표

1장 도입부에서 가치의 기준이 상품에서 경험으로 변하면서 이제부터는 사람의 경험을 중요시하는 서비스 디자인이 중요하다고 설명했다. 일본 정부도 이와 같은 생각으로 정책을 추진해 왔다. 2018년 1월에는 전자정부 각료회의 결정에 따라 〈디지털 정부 실행 계획〉이 발표되었다. 계획 보고서는 디지털 정부가 지향하는 사회를 다음과 같이 설명한다.

1. 필요한 서비스를 시간과 장소에 구애받지 않고 최적의 형태로 받을 수 있는 사회
2. 민관(民官, 민간과 관공) 구분 없이 데이터와 서비스를 유기적으로 연계하여 새로운 혁신을 창출하는 사회

2020년 9월에는 일본 디지털청 총괄 장관이 임명되었다. 디지털을 활용한 새로운 사회로의 혁신이 시작된 것이다.

포인트는 인간 중심!

일본의 <디지털 정부 실행 계획>에는 **사용자 중심의 행정 개혁으로써 그림 1.7.3에 제시된 12개 조항의 서비스설계지침이 포함되어 있다.**

제1조 '사용자 니즈에서 출발한다'는 시스템이 아니라 사용자를 중심에 둔 디자인적 사고의 올바른 모습을 명확하게 제시했다.

제10조 '계속 반복한다'는 그림 1.7.4에서 보여주듯이 사람을 중심으로 요건을 정의하고 구체화해서 평가하는 프로세스를 반복하는 UX 디자인 기법, 그 자체다. UX 디자인 프로세스에 관해서는 3장을 참고하길 바란다.

※서비스설계지침 12조

제1조 사용자 니즈에서 출발한다.

제2조 사실을 상세하게 파악한다.

제3조 포괄적으로 고려한다.

제4조 모든 관계자를 배려한다.

제5조 서비스는 단순하게 구성한다.

제6조 디지털 기술을 활용해 서비스 가치를 높인다.

제7조 사용자의 일상 경험에 파고든다.

제8조 혼자서만 만들지 않는다.

제9조 공개적으로 서비스를 만든다.

제10조 계속 반복한다.

제11조 치우치지 않으면서 일관성을 유지한다.

제12조 시스템이 아니라 서비스를 만든다.

출처: 《디지털 정부 신행 계획》 https://cio.go.jp/sites/default/files/uploads/documents/densei_jikko
ukeikaku.pdf

▶ 그림 1.7.3 서비스설계지침 12조

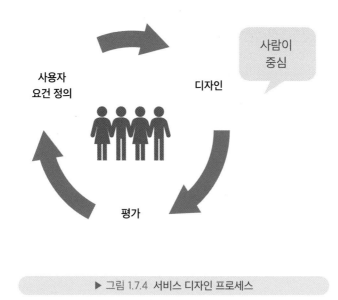

▶ 그림 1.7.4 서비스 디자인 프로세스

사용자인 사람을 중심으로 서비스를 창출하고 가치를 높이는 프로세스에서는 그것을 제삼자에게 전달하는 '언어'가 가장 중요하다. 이어지는 2장에서는 새로운 또는 기존 서비스의 가치를 높인 기발한 '언어'에 관한 사례를 소개하고, 4장에서 글쓰기 포인트를 설명하도록 하겠다.

연습 문제

UX를 직접 경험한 적이 있는지, 사용자로서 자신이 이용하는 서비스와 시스템을 대상으로 생각해 봅시다.

문제 1

평소 이용하는 서비스와 시스템에서 마음에 드는 부분과 사용자가 이해하기 쉬운 설명이나 카피가 적용된 부분을 찾아 주세요.

◆ 서비스명

_____

◆ 사용자로서 마음에 드는 부분

_____

_____

_____

_____

◆ 이해하기 쉬운 설명, UX 라이팅이 적용된 부분

_____

_____

_____

_____

_____

_____

문제 2

주변 사람들을 인터뷰하여 그 사람이 좋아하는 서비스에 관해 어떤 점이 좋은지, 알기 쉽게 설명된 부분이 있는지를 묻고 정리해 봅시다.

인터뷰 포인트

- 이 문제에는 해답이 없습니다. 이 문제의 목적은 능숙한 인터뷰 진행이나 정답 맞히기가 아니라 자신과 다른 생각, 사용자의 다양성을 깨닫기 위한 것입니다.
- 인터뷰 상대가 좋아하는 서비스와 시스템에 대해 잘 모른다면 자세한 설명을 부탁해 보세요. 상대가 좋아하는 점과 설명이 잘된 부분에 관해 '왜 그렇게 생각하는지'를 묻고 이유를 들어 봅시다.

◆ 서비스명

_____

◆ 사용자로서 마음에 드는 부분

_____

_____

_____

◆ 이해하기 쉬운 설명, UX 라이팅이 적용된 부분

_____

_____

_____

해답 및 해설

문제 1

평소 이용하는 서비스에서 사용자 경험이라는 관점의 아이디어가 돋보이는 부분을 찾아봅시다. 이때 구체적인 부분을 짚어내는 것이 좋습니다. 다음은 슬랙^{Slack}의 사례입니다.

◆ 서비스명

슬랙 업무용 메신저 서비스

◆ 사용자로서 마음에 드는 부분

• 메일보다 글쓰기가 편하다.

• 다른 사람의 생각을 공유할 수 있다.

• 이모티콘으로 간단하게 반응을 나타낼 수 있다.

◆ 이해하기 쉬운 설명, UX 라이팅이 적용된 부분

• 도움말이 이해하기 쉽고 사용자 관점에서 설명되어 있다.

• 초기 사용 방법부터 전문적인 이용 방법까지 폭넓은 설명이 마련되어 있다.

문제 2

주변 친구나 지인의 인터뷰를 통해 평소 이용하는 서비스에 대해 사용자로서 어떻게 생각하는지 들어 봅시다.

나와 다른 사용자의 관점을 이해한다

자신이 알고 있거나 이용하는 서비스와 시스템이라도 다른 사용자의 의견은 다를 수 있습니다. 사용자의 다양한 관점과 의견을 듣고 자신과 비교해 봅시다.

다른 사람의 생각을 듣는 인터뷰에 익숙해진다

인터뷰를 여러 번 거듭하면서 점차 익숙해지면 듣고 싶은 답을 효과적으로 끌어낼 수 있게 됩니다. 다른 사람을 상대로 질문을 하고 깊이 파고드는 인터뷰는 정보 수집과 UX 디자인 기법으로써 반드시 익혀 두어야 할 기술입니다.

한 번에 잘 진행되지 않으면 다른 사람을 대상으로 다시 진행하면서 인터뷰 기술을 단련해 봅시다.

사회가 변해도 사람은 살아가야 한다

2020년 코로나바이러스감염증이 세계 전역으로 퍼지면서 우리의 근무 형태와 생활 방식은 크게 달라졌다. 지금도 '사용자 경험'과 '사용자 니즈'는 계속 변하고 있다.

인터넷을 통한 경험의 확대

바이러스 감염을 막기 위해 사람 사이의 거리를 유지하는 '사회적 거리두기'가 시행되면서 인터넷을 이용한 서비스와 커뮤니케이션 툴, 스마트폰 앱 사용이 크게 늘어났다.

줌Zoom이나 팀즈Teams와 같은 온라인 회의 시스템의 보급은 두말할 필요도 없이 이와 같은 변화가 뒷받침했다. 같은 장소에 모여 논의하는 것이 당연했던 회의가 가상의 인터넷 공간에 모여 서로 의견을 나누는 새로운 형식으로 바뀌었다.

일뿐만 아니라 쇼핑과 영화, 음악까지 일상생활과 즐길 거리도 점차 인터넷을 매개로 이루어지고 있다. 아마 전염병 유행이 종식되어도 이와 같은 새로운 생활 방식은 전 세계에 뿌리내릴 것이다.

사람은 가치 있는 경험을 위해 '언어'를 창조한다

인터넷을 매개로 한 대화는 효율적이고 편리하지만, 미묘한 표정의 변화나 상대의 상황을 알기 어렵다. 자칫 오해가 생기거나 상대에게 거리를 느끼기도 한다. 이와 같은 인터넷의 약점을 보완하는 존재가, 눈앞에 없는 상대의 기분이나 행동을 상상해 상대가 잘 이해할 수 있도록 표현하는 '언어'다. 사람은 상대에 대한 배려를 언어로 표현하고 자신의 마음을 전한다. 이런 언어의 힘을 발휘하는 것이 바로 UX 라이팅의 본질이다.

지금은 모두가 다양한 서비스를 이용하는 사용자다. 서로를 이해하고 더 나은 경험을 만들기 위한 언어 활용법을 다 함께 찾아야 한다.

제2장

UX 라이팅으로
문제를 해결한다

다양한 업종과 분야에서 활용하는 UX 라이팅

풍부한 사용자 경험을 위하여

1장에서 언급했듯이 UX 라이팅은 비즈니스의 중심이 상품에서 경험으로 변화하고 디지털 전환이 일어나면서 주목받기 시작했다. 이런 변화에 따라 **사용자를 중심에 둔 가치 있는 경험의 창출이 필요해졌다. 그리고 가치 있는 사용자 경험을 만들어 내려면 그 바탕에 'UX 디자인적' 사고와 지식이 있어야 한다.**

GAFA(구글, 애플, 페이스북, 아마존) 같은 세계적 IT 기업은 이미 **UX 디자인 기법을 활용해 서비스를 설계하고, UX 라이팅 기법을 적용하고 있다.**

이와 관련하여 일본의 비영리법인NPO 인간설계추진기구HCD-Net의 전 사무국장 하야카와 세이지 씨는 **"세계적인 기업만이 아니라 일본 기업과 조직에서도 UX 라이팅의 모범적인 사례가 나오고 있다.** UX 라이팅의 중요성은 행정기관과 기업에 종사하는 폭넓은 인재들을 대상으로 체계화시킨 '인간 중심의 기초 지식 체계'에도 등장한다"라고 이야기한다. 2장에서는 사용자 관점, 사용 편의성, 새로운 가치 제공이라는 관점에서 정보의 전달 방식을 고민하고 사용자 경험을 높인 사례를 소개할 것이다.

사용자와 좋은 관계를 유지하는 시스템

2장에서는 **조직이 사용자와의 관계성을 개선하려는 목적으로 UX 디자인 프로세스와 기법을 도입해 사용자와 지속적인 관계성을 구축**한 사례를 소개한다.

이들은 지금도 꾸준히 사용자와의 접점인 화면과 메시지를 평가하면서 개선 프로세스를 돌리고 있다. 또한 조직 체제 구축, 프로세스 검토, 개선을 위한 구체적 규정과 시스템 구축에 늘 힘쓰고 있다. 의뢰인과 사용자와의 협업도 참고할 만하다. 이 사례들이 사용자와의 연결고리를 만들고 더 나은 관계를 구축해 나가기 위해 조직이 어떤 노력을 해야 하는가를 알려 줄 것이다.

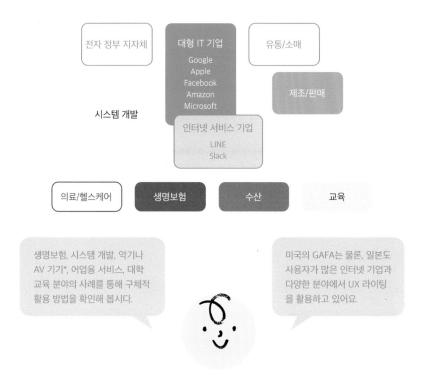

* 청각이나 시각을 통해서 정보를 주는 장치의 총칭

▶ 그림 2.1.1 UX 라이팅을 활용하는 업계/분야

서비스, 공동 가치를 만들고 언어로 전달한다

사용자 경험을 향상하는 디자인 프로세스

일본의 서비스 디자인 회사 콘센트Concent는 타 기업과의 협업, 세미나 및 연구 활동, 서적 번역과 집필을 통해 일본 UX 디자인 분야를 선도해 가는 기업으로 알려져 있다. 이 회사는 1971년에 편집 디자인 회사로 시작했다. 2000년 초에는 인포메이션 아키텍처(정보 구조)를 활용한 웹 디자인으로, 2011년에는 서비스 디자인SD으로 영역을 계속 확장하면서 사용 편의성이 좋고 UX에 주목한 웹 디자인과 서비스를 제안 및 제작하고 있다.

콘센트의 SD/UX 디자인 부문을 이끄는 오자키 유 디자이너는 "다양한 업종의 기업에서 의뢰를 받았고, 업무 시스템부터 고객용 시스템까지 다양한 분야의 일을 해 왔다. 우리는 누구나 쉽게 사용할 수 있으면서 예쁜 디자인을 추구하고 있다"라고 말한다.

사용자의 가치관을 분석하고 프로토타입을 제작하면서 클라이언트와 공동 가치를 창출하는 동시에 새로운 가치를 제안하는 것이 이 회사의 강점이라고 한다.

오사키 디자이너는 "**마케팅 조사 결과를 분석하는 기존의 방식만으로는 사용자가 무엇을 원하는지 알기 어려워** 사용자 아직 깨닫지 못한 새로운 가치를 제안하기 어렵다. **다양한 니즈를 넓고 깊게 파헤쳐 가는 프로세스의 하나로 워크숍을 활용해 공통된 생각을 찾아 간다**"라고 말했다.

가상 팸플릿으로
서비스 개발 초기의 문제를 해결한다

콘셉트는 제안 과정에서 **'CIS**Concept Impression Sheet**'라 부르는 결과물을 제작해 관계자와 공유한다.** 이것이 이 회사의 서비스 개발 프로세스의 특징이다. CIS는 가상의 팸플릿이나 광고지라 할 수 있는데, 완성된 단계가 아니라 서비스 개발 초기 단계에 제작해서 클라이언트 측 담당자에게 서비스를 설명하거나 사용자 테스트를 할 때 활용한다. 그림 2.2.1은 다이이찌 생명보험 주식회사에서 판매하는 청년 보험 서비스 'Snap Insurance'*의 CIS다.

청년층을 위한 보험 상품의 전체적인 내용과 장점, 가입 절차를 이미지와 글로 설명

▶ 그림 2.2.1 다이이찌 생명보험 주식회사에서 판매한 'Snap Insurance'의 CIS 중 일부

* 'Snap Insurance'는 2020년 7월 31일부로 서비스 종료

워크숍을 통해 사용자가 쓰는 언어를 모은다

콘센트는 사용자 니즈와 가치관을 분석할 때 종종 워크숍을 실시한다. 청년층 생명보험 서비스 개발 프로젝트 때도 대학생들을 모아 꼬박 하루 동안 워크숍을 실시했다.

오사키 디자이너는 워크숍을 실시하는 이유에 대해 다음과 같이 설명한다. "다이이찌 생명보험의 청년층 보험 서비스 프로젝트에서는 '인생 주사위'나 '인생 지도'를 만들며 자신의 인생을 생각해 보는 워크숍을 실시했습니다. 그러면 학생들끼리 자유롭게 이야기를 나누면서 **그들의 언어로 생각을 정리해 갑니다.** 워크숍을 개최하면 짧은 시간에 가치관이나 행동을 파악할 수 있어 효과적입니다."

워크숍에서 모은 '언어'는 분석해서 CIS에 반영한다. 예를 들어 "착착 시작하는"이라는 표현은 '사용이 편했으면 좋겠다', '친구들과 함께 쓰고 싶다'라는 니즈를 반영해 만들어졌다.

사용자의 언어로 UI를 만든다

앱 화면에 사용하는 언어도 타깃 사용자인 청년층이 쉽게 받아들일 수 있도록 표현하려고 많이 고민했다고 한다. 콘센트의 UX 디자이너인 구로사카 신 씨는 "메신저 형식으로 대화를 하면서 간편하게 보험을 골라 가입하는 앱의 핵심 UI^User Interface를 디자인하면서 몇 가지 질문을 어떤 순서로 묻고, 어떤 표현을 써야 사용자가 더 쉽게 이해하고 금방 받아들일 수 있을지를 여러 번 시행착오를 거쳐 가며 설계했다"고 한다. 워크숍에서 사용자가 보험에 대해 '거리감'과 '귀찮음'을 느낀다는 사실을 파악해 **그 마음을 배려한 표현을 사용하고 정보량을 조절했다.**

담당 UX 디자이너는 "하나의 화면에 정보를 몰아 담으면 단계는 줄어들지만, 사용자는 화면을 읽으면서 조작을 해야 해서 부담을 느낀다. **심리적인 부담과 장벽을 줄이고 자연스럽게 대화하듯이 진행될 수 있도록 신경 쓰며 설계했다**"고 말한다. 그래서 그림 2.2.4와 그림 2.2.5와 같이 앱이 실제로 응대하는 듯한 표현도 집어넣었다. (그림은 모두 프로토타입 화면)

▶ 그림 2.2.2
혼자 가입한 상태

▶ 그림 2.2.3
친구들과 보험을 공유한 상태

▶ 그림 2.2.4
메신저 형식의 사용자 등록

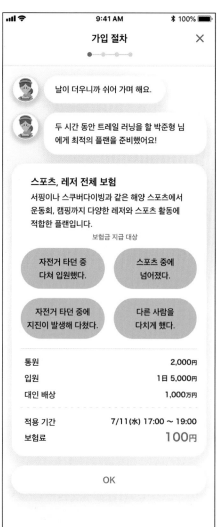

▶ 그림 2.2.5
가입 절차 화면

아직 경험하지 않은 일을
이미지와 언어로 전달한다

그림 2.2.6은 매년 가을, 일본의 대형 컨벤션센터 마쿠하리 멧세에서 개최하는 IT 기술 및 일렉트로닉 관련 국제 전시회용으로 만들어진 자료다. 콘셉트가 2018년에 일본 유니시스^{UNISYS}가 구상한 가치교환기반 'dorecaTM'(전자화폐 교환 서비스)를 설명하기 위해 작성한 CIS와 프로토타입 화면이다. 다양한 전자 결제 방식이 등장한 관점에서 아직 세상에 선보인 적 없는 '포인트와 잔액을 교환할 수 있는 플랫폼'이라는 서비스를 알기 쉽게 표현했다.

CIS는 dorecaTM를 쓰면 사용자에게 어떤 이점이 있는지 구체적으로 그릴 수 있도록 사진과 설명으로 구성했다. 클라이언트 측 담당자와 콘셉트에서 UX 디자인과 UI 디자인을 담당하는 팀원이 워크숍을 실시해 **사용자 관점에서 '무엇이 좋은지', '어떤 상황에서 사용하는지'를 파악했다고 한다.**

담당 디자이너는 디자인 프로세스에 관해 다음과 같이 설명했다.

"가치를 교환할 수 있다는 콘셉트를 경험의 흐름에 따라 정리하고, 꼭 전달해야 하는 정보만 골라서 만들었다가 지우기를 반복해 가며 형태를 잡아 갔습니다."

이렇게 프로젝트 팀원들끼리 공유한 가치관을 바탕으로 잔액을 직관적으로 손쉽게 교환할 수 있는 앱 디자인이 완성됐다.

관계자에게 장점을 전달한다

서비스 디자인은 사용자가 얻는 이점만이 아니라, 기업이나 관련 사업자

▶ 그림 2.2.6 일본 유니시스의 가치 교환 기반 dorecaTM의 CIS와 프로토타입 화면

를 포함한 모든 관계자에게 어떤 이점이 있는지도 전달해야 한다. 일본 유니시스의 사례에서도 전자 결제 서비스 사업자들이 관심을 가지고 협업에 나설 수 있도록 정보를 전달해야만 했다. 그래서 CIS에 사용자, 결제 사업자, 파트너 기업, 소매점(가맹점)이 얻는 이점을 단순한 시각적 디자인과 간결한 설명으로 표현해 넣었다.

사용자 경험을 중시하면서 관계자의 사업에 도움을 주는 서비스 디자인을 형상화했다고 볼 수 있다.

주식회사 콘센트

1971년 창업 당시부터 '독자와 사용자의 경험'을 바탕으로 기업이나 행정기관, 교육기관 등의 조직과 개인/사회의 관계를 디자인했다. 서비스 디자인과 유니버설 디자인, 인포메이션 아키텍처, 편집 디자인 등 새로운 개념과 시스템을 일본에 들여와 보급 및 교육에 힘쓰며 일본의 활동을 해외로 널리 알리고 있다.

- 공식 홈페이지
  https://www.concentinc.jp/

- 지식을 공유하다 '히라쿠 디자인'
  https://www.concentinc.jp/design_research/

상품의 가치를 높이고 궁금증을 풀어 주는 FAQ

음악 마니아와 제조사를 이어 주는 FAQ 사이트

'FAQ'는 Frequently Asked Questions의 약자로 '자주 하는 질문'을 의미한다. 제품이나 서비스에 관해 궁금한 점이 있으면 자연스럽게 인터넷을 검색하는 요즘은 FAQ 내용의 내실화에 힘을 쏟는 기업이 늘고 있다.

그중 한 기업인 야마하뮤직 재팬Yamaha Music Japan은 일본에서 악기와 음향기기 도매업을 하는 기업이다. 이 회사의 고객 커뮤케이션 센터는 이와 관련된 지원과 FAQ 작성 및 운영을 담당한다. 히라이 다이세이 센터장은 FAQ 운영에 대해 다음과 같이 말했다.

"예전에는 제품 사용법을 잘 모르면 일반적으로 고객 서비스 센터에 전화했지만, 스마트폰이 보급된 후에는 알고 싶은 내용을 검색해서 알아보는 일이 급격히 많아졌습니다. 그러다 보니 검색 결과에 사용자 후기 사이트가 뜨는 일이 많아졌는데, 제조사 입장에서 봤을 때 적절치 못한 내용이 눈에 띄었습니다. **고객 지원 노하우를 살려 음악 마니아들에게 적절한 답변을 제공해야 한다는 생각에 FAQ 사이트의 내실화에 힘쓰게 되었습니다.**"

현재의 고객 니즈에 대응한다

고객과의 접점이기도 한 FAQ 사이트는 매일 변하는 사용자의 니즈를 가시화하는 장소이기도 하다. 그래서인지 코로나바이러스감염증이 전 세계로 퍼지면서 외출 자제 요청이 이어졌던 2020년 봄부터는 '디지털 피아노에 헤드폰을 연결하는 방법'에 관한 질문이 쏟아졌다고 한다.

FAQ 운영팀에서 디지털 피아노 지원을 담당하는 야마다 기미코 씨는 "디지털 피아노에 맞는 스테레오 표준 폰 플러그가 아니라 스테레오 미니 플러그 헤드폰을 가지고 계신 분도 검색하지 않을까 생각했다. 그래서 헤드폰 단자에는 두 가지 형태가 있다는 사실을 먼저 알리고 야마하의 헤드폰 제품 소개하면서, 스테레오 미니 플러그 헤드폰을 소유한 분을 위해 변환 플러그 사용법도 설명했다"라고 한다.

또한, "변환 플러그는 딱 소리가 날 때까지 꼭 눌러 끼워 주세요"라는 주의 문구를 눈에 띄도록 붉은색으로 표시했다. (그림 2.3.1)

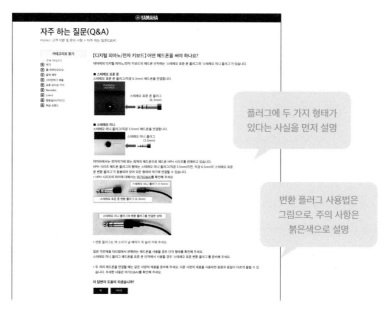

출처: 야마하뮤직 재팬 홈페이지의 '자주 하는 질문(Q&A)' 페이지http://yamaha.custhelp.com/

▶ 그림 2.3.1 헤드폰에 관한 FAQ 페이지

제품 관점에서 고객 관점으로

하지만 야마다 씨는 디지털 피아노 헤드폰에 대한 응답이 처음부터 지금처럼 알기 쉬운 설명은 아니었고 개선한 결과라고 설명했다.

개선 전의 FAQ는 그림 2.3.2와 같이 "【디지털 피아노/전자 키보드】 어떤 헤드폰을 써야 하나요?"라는 질문에 '현재 판매하는 디지털 피아노/전자 키보드의 헤드폰 단자는 『스테레오 표준 폰』단자입니다'라는 문장으로 시작했다. 야마하뮤직의 헤드폰 사진과 함께 이 헤드폰은 스테레오 미니 플러그라는 점과 변화 플러그가 동봉되어 있다고 적혀 있었다. 제품 정보로는 매우 일반적인 설명이었지만, FAQ 페이지를 본 사용자들의 평가는 다른 곳에 비해 좋지 않았다. FAQ 운영팀에서 검토한 결과 타사의 스테레오 미니 플러그 헤드폰을 사용하고 싶어 하는 고객이 있다는 가설을 세우게 되었고, 그림 2.3.3과 같이 플러그 형태 설명부터 시작하는 흐름으로 고치고 사진도 바꾸자 평가가 좋아졌다. **사용자가 어떤 상황에 있고 무엇을 원하는지, 관점의 기준을 제품에서 고객으로 바꾸자 사용자 문제를 해결할 수 있었다.**

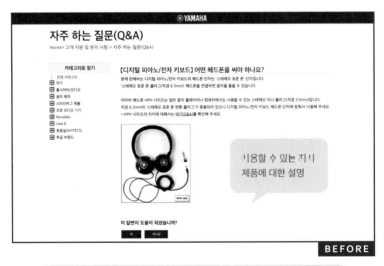

▶ 그림 2.3.2 이전 헤드폰 관련 FAQ 화면

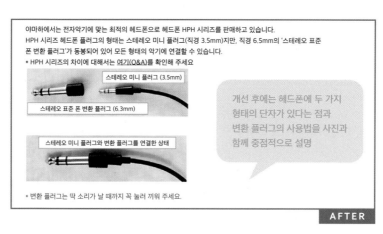

출처: 야마하뮤직 재팬 홈페이지의 '자주 하는 질문(Q&A)' 페이지http://yamaha.custhelp.com/

▶ 그림 2.3.3 개선 후 바뀐 헤드폰 설명의 일부

정기적으로 FAQ 운영/활용
회의를 열어 끊임없이 개선한다

야마하뮤직의 고객 커뮤니케이션 센터는 '악기', '오디오' 등 제품을 7개 그룹으로 나누어, 전화, 메일, FAQ를 통해 사용자의 질문에 답한다. FAQ와 관련해서는 각 그룹에서 한 명씩 뽑아서 한 달에 두 번 회의를 열고 개선 활동을 해 왔다. 도움이 되었는지를 묻는 질문에 답한 '네'와 '아니오'의 수를 참고해 평가가 낮은 답변의 이유를 찾고 개선한다. 다른 제품군 팀원들의 의견도 반영해서 계속 고쳐 가며 사용자 관점에서 알기 쉬운 답변으로 바꿔 가고 있다.

가이드라인을 통해 목표를 명확하게

제품과 사용자 특성에 따라 달라지는 FAQ의 내용을 통일성 있게 작성하고 질을 높이기 위해 야마하뮤직의 고객지원팀은 'FAQ 제작/운영 가이드라인'를 만들어 활용하고 있다.

FAQ 운영팀의 이케가미 겐이치 팀장은 "표현 작성 규칙만이 아니라 **알기 쉽게 작성하기 위한 지침을 5단계 레벨로 나누고, 최종 단계에서는 고객의 심정을 완벽하게 헤아린 FAQ를 작성한다는 목표를 명문화했다**"라고 이야기한다. 레벨은 줄 바꿈 위치를 통일하는 레벨 1단계부터 사용자의 심정을 헤아리는 레벨 5단계까지 설정하고, 레벨1부터 레벨4까지는 필수조건이며 레벨 5 달성을 목표로 한다. 실로 사용자 중심의 사고라 할 수 있다.

가이드라인은 그림 2.3.4와 같이 고객이 관심을 가지고 볼 수 있도록 '문제가 무엇인지' 명확하게 작성하기 위한 규칙을 구체적으로 제시하고 있다.

확인 시간을 줄이는 체크 리스트

하지만 아무리 가이드라인을 만들어 작성 규칙을 정해도 철저하게 지키지 않으면 의미가 없다. 그래서 야마하뮤직은 체크 리스트를 만들어 활용하고 있다.

이케가미 팀장의 말에 따르면 "체크 리스트를 사용하면 FAQ 콘텐츠를 가이드라인에 맞춰 작성했는지 짧은 시간에 확인할 수 있다"고 한다. 가이드라인과 체크 리스트는 거의 매년 개정하면서 사용자 니즈와 시대에 맞는 내용으로 계속 고쳐 나가고 있다.

- 문체는 '~입니다/~습니다'를 기본으로 한다.

- 줄 바꿈은 하지 않는다.

- 고객이 질문 제목에서 대상을 쉽게 판별할 수 있도록 맨 앞에 【 】를 넣고, 야마하 홈페이지에 표시된 제품 카테고리 또는 상품명, 대상 제품을 적는다.

- 질문 전체 글자 수는 【 】안을 포함해 45자 이내로 작성한다.

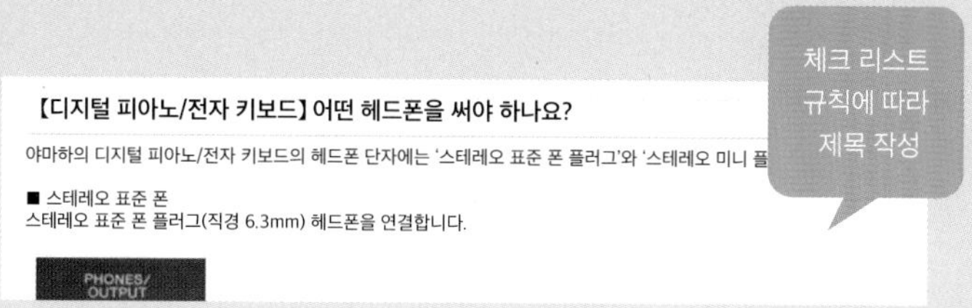

【디지털 피아노/전자 키보드】어떤 헤드폰을 써야 하나요?

야마하의 디지털 피아노/전자 키보드의 헤드폰 단자에는 '스테레오 표준 폰 플러그'와 '스테레오 미니 플

■ 스테레오 표준 폰
스테레오 표준 폰 플러그(직경 6.3mm) 헤드폰을 연결합니다.

PHONES/
OUTPUT

체크 리스트
규칙에 따라
제목 작성

▶ 그림 2.3.4 가이드라인에 규정된 질문문 작성 규칙의 일부

관리 프로세스를 만들어 계속해서 관리한다

매일 새로 작성하고 수정하는 FAQ의 질을 높이기 위해 가이드라인에는 작성과 업데이트에 관한 규정도 정해져 있다. **또한, 개발이나 영업 부문의 리뷰**review**를 받는 프로세스도** 명문화해 제조사로서 신뢰할 수 있는 정보를 공개하고 있다.

히라이 센터장은 이러한 노력에 대해 "(FAQ에 가치 있는 정보를 공개해서) 사용자 경험과 만족도를 높여 브랜드 가치 창출에 공헌하는 일이 우리들의 가치이며 책무라고 생각한다"고 말한다.

야마하뮤직 재팬의 고객 커뮤니케이션 센터

악기와 오디오 관련 제품 등 야마하 제품의 고객 지원을 담당한다.

- '자주 하는 질문(Q&A)' 사이트
  http://yamaha.custhelp.com/

- 야마하뮤직 재팬 홈페이지
  https://jp.yamaha.com/about_yamaha/
yamahamusicjapan/

현장에 답이 있다

IT가 어업을 지원하다

공립 하코다테미라이 대학의 '마린 IT'는 IT를 활용해 수산 자원을 지키고, 지속적이고 효율적으로 어업을 지원하기 위한 프로젝트다. 2004년에 시작해 지금까지 유비쿼터스 부이(배를 맬 수 있게 설치한 부표)와 마린 브로드밴드, 디지털 조업 일지 등을 개발해 제품화에 성공했다. 최근에는 일본을 넘어 인도네시아를 비롯한 해외로도 활동 영역을 넓혀가고 있다.

마린 IT의 특징 중 하나는 **연구원과 사용자의 협업을 통한 제품 개발**이다. 이 프로젝트에서는 **정보 시스템과 정보 디자인 연구원이 사용자인 어부와 함께 제품을 개발한다.** 그중 대표적인 사례로 홋카이도 루모이시의 어부들과 함께 개발한 디지털 조업 일지를 소개한다.

평소와 다르면 쓰기 어렵다

루모이시는 일본의 유명한 해삼 산지다. 홋카이도산 해삼은 중국요리에 쓰이는 최고급 재료로 알려져, 특히 중국 시장에서 비싼 값에 거래된다. 가격이 치솟자 어획량이 늘어 1990년대 중반에는 루모이 관내인 오니시카 지구 바다의 해삼이 씨가 말라 3년간 금어령이 내려지기도 했다.

이런 귀중한 자원을 관리하기 위해 만들어진 것이 바로 '해삼 자원 분포도'다. 처음에는 해삼 조업 시기 중에 어부들이 수기로 기록한 조업 일지를 조업 시기가 끝난 후 팩스로 왓카나이 수산시험장으로 보냈고, 이를 바

▶ 그림 2.4.1 해삼 조업에 쓰이는 어구

탕으로 작성했다. 이 조업 일지를 디지털화해서 조업 중에 데이터를 수집
하고 활용할 수 있도록 만든 시스템이 '디지털 조업 일지'다.

하지만 마린 IT 프로젝트의 대표이자 정보 시스템 연구원인 하코다테미라
이 대학의 와다 마사아키 교수는 "처음에 개발한 디지털 조업 일지는 혹
평을 받았다"고 말했다.

최초의 디지털 조업 일지는 방수 방진 기능을 갖춘 터치 패널형 컴퓨터에
서 작동하는 인터넷 앱으로 제작해, 2010년에 세 척의 소형 어선에서 시
험해 보았다. 하지만 그중 두 척은 금세 사용을 포기했다. '사용하기 어렵
나'는 이유에서였나.

어부들이 평소 사용하던 항해 기기나 어군 탐지기는 스위치를 누르면 바
로 사용할 수 있다. 그에 비해 터치 패널형 컴퓨터는 전원을 켜고 반드시
앱을 실행시켜야만 한다. 앱을 종료할 때도 전원을 갑자기 끄면 안 된다.
어부들의 평소 행동 습관에 맞지 않는 기계를 써 달라고 부탁한 셈이다.

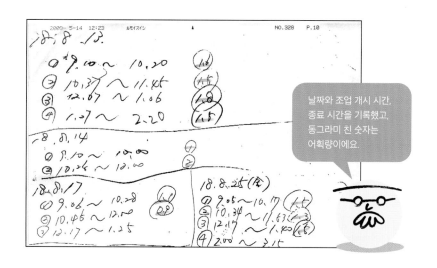

▶ 그림 2.4.2 **수기로 작성한 조업 일지**

어부들에게 사랑받는 디지털 조업 일지

2011년에 개선된 새로운 디지털 조업 일지는 iPad용 앱으로 개발됐다. 우선 간단히 데모 앱을 만들어서 어부들에게 시범 사용을 부탁했다.

"iPad용은 대성공이었습니다. 아무런 설명도 하지 않았는데 지도를 항공 사진으로 바꿔서 본인 배를 보여 주시기도 했죠. 데모 앱은 찬밥 취급을 받긴 했지만요." (와다 교수)

어부들이 좋아하는 모습을 보고 와다 교수는 '이건 되겠다!'라고 직감했다.

주 타깃은 70대

그때부터 본격적으로 개발을 시작했다. **제품의 콘셉트는 '미움받지 않는 디지털 조업 일지'였다.**

사용자의 연령대는 30대에서 70대로 잡았지만, **주 타깃은 최연장자인 70대로 설정**했다. 자원 관리 데이터 수집인 만큼 모든 어부가 사용할 수 있어야 의미가 있었다.

청취 조사에서는 날씨와 바람, 조수 관련 정보도 기록했으면 좋겠다는 의견이 있었지만, **과감하게 조업 개시 시간, 조업 종료 시간, 어획량, 이렇게 세 가지 항목으로 범위를 좁혔다. 이 세 항목은 수기 조업 일지에 기록하던 항목이다.** 이 정도라면 70대 어부들에게도 입력을 부탁할 수 있을 듯했다.

화면 디자인은 정보 디자인을 연구하는 오카모토 마코토 교수(하코다테미라이 대학)가 담당했다. 오카모토 교수는 **화면 전환이 없고 스크롤이나 확대도 필요 없는, 매우 단순한 화면**으로 디자인했다. 와다 교수와 함께 현지를 방문해 어부들의 경험을 직접 듣고 작업한 디자인이다.

사용자의 마음에 다가가 설명한다

사전 설명회에서도 70대 어부들을 수용하려는 노력을 잊지 않았다. "잊지 말고 꼭 입력해 주세요"라고 말하면 괜히 긴장되고, 시켜서 하는 일로 받아들일 수 있다. 하지만 **"가끔 입력하는 걸 잊어버리셔도 자원량 추정치에는 크게 영향이 없습니다"**라고 설명하면 어르신들도 마음이 한결 편하다.

2011년 6월 16일에 금어기가 끝난 이후 디지털 조업 일지에 입력된 데이터는 인터넷을 통해 왓카나이 수산시험장으로 매일 전송됐다. 시험장에서는 데이터를 분석해 주 1회 '루모이 해산 자원 속보'를 발행했다. 지금까지는 조업 시기가 끝나야만 알 수 있었던 자원 정보를 매주 알 수 있게 된 것이다. 이 정보를 바탕으로 어부들이 해삼 조업 기간을 정할 수 있어 주체적으로 자원을 관리할 수 있게 되었다.

▶ 그림 2.4.3 **디지털 조업 일지 입력 화면**

사용자와 협업하다

하코다테미라이 대학의 마린 IT 프로젝트는 홋카이도 어부들만이 아니라 전국, 나아가 해외 어업 종사자들과도 협업하고 있다. 히와코 호수와 이시가키섬의 어부들, 시마네현의 바위굴 양식업자, 오이타현의 굴 양식업자, 인도네시아의 해면 양식업자 등 나열하자면 끝이 없다. 사용자인 어부들과 협업할 수 있었던 비결은 뭘까?

"가장 먼저 현장(필드)**에 가서 시설과 작업을 견학해야 합니다. 그러면서 어부들의 일을 이해하는 거죠."** (와다 교수)

이때 스케치북과 사인펜, 카메라를 가지고 간다. 또한, 정보 시스템 연구원만이 아니라 정보 디자인 연구원도 함께 간다.

현장을 견학하고 나서 사무실로 자리를 옮겨 어부들과 인터뷰를 진행하면서 구체적인 문제를 파악한다. 이 과정에 대해 와다 교수는 "그저 '듣는' 것이 아니라 '끌어내야' 한다"라고 강조한다.

"어부들이 안고 있는 **문제는 대부분 막연합니다. 질문을 하면서 함께 문제를 정리하는 과정**이 필요하죠." (와다 교수)

스케치북과 사인펜이 도움이 된다. 그림 2.4.4는 인터뷰하면서 그린 스케치다. **인터뷰 중에 나온 아이디어를 스케치해서 이미지를 공유**할 수 있다. 때로는 어부가 직접 사인펜을 들고 스케치를 수정하기도 한다.

"이 방법에는 IT 기기로는 할 수 없는 유연함이 있습니다. 말이 필요 없으니 외국에서도 통하죠." (와다 교수)

사용자의 익숙함을 활용한다

스케치를 사용해 문제를 정리하고 나면 다음은 과제를 해결하기 위한 제안을 한다.

"이때 **평소 작업 흐름에 녹아 들어갈 수 있는 제안**을 하는 것이 중요합니다. **작업 흐름을 크게 바꿔야 하는 제안은 작업 부담이 커져서 결국 외면받는 시스템이 됩니다.**" (와다 교수)

그러고 보니 디지털 조업 일지는 수기 조업 일지와 입력 항목이 같았고 기본 틀도 같았다. 사용자에게 익숙한 '언어'나 겉모양을 적용하면 사용자가 마음 놓고 사용하는 UX로 이어진다.

와다 교수는 "처음부터 100점을 목표로 하지 말고, IT를 정착시키는 것을 우선해야 한다. IT이 효과를 느끼면 계속 사용하게 된다. 그다음 단계적으로 개선해 나가다 보면 100점을 달성할 수 있다"라고 강조한다.

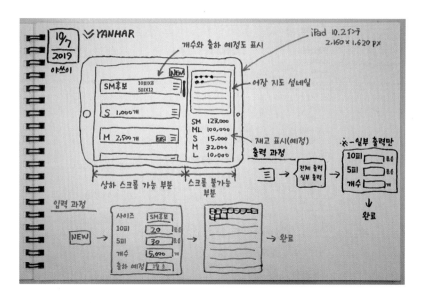

▶ 그림 2.4.4 인터뷰 중에 그린 스케치

공립 하코다테미라이 대학

2000년 시스템 정보과학 전문대학으로 설립. 기존의 정보공학과 정보과학의 틀을 넘어 정보기술, 디자인, 커뮤니케이션, 인지심리학, 복잡계, 인공지능 등 다양한 분야로 연구 영역을 넓혔다. 마린 IT 프로젝트에 관해서는 와다 마사아키와 마린 스타즈가 쓴 《마린 IT 출범-배를 타고 바다에 나간 연구자들 이야기(원제:マリンITの出帆 舟に乗り海に出た研究者のお話)》(공립 하코다테미라이대학출판회)를 통해 자세히 알 수 있다.

• 공립 하코다테미라이 대학 공식 홈페이지
 https://www.fun.ac.jp/

제한된 시간 안에
필요한 정보만!

온라인 수업 시대 개막

2020년은 코로나바이러스감염증의 확산을 막기 위해 대학들이 일제히 일반적인 대면 강의를 온라인 강의로 변경한 해였다. 교수 대부분이 온라인 강의를 해 본 경험이 없어 현장에 대혼란이 일어났다.

각 대학은 개학 전까지의 짧은 시간 동안 교수와 학생들에게 온라인 강의 시행 방법 및 수강 방법을 알려 주어야 했다. 도쿄 대학은 전용 사이트인 '온라인 강의/웹 회의 포털 사이트'(https://utelecon.github.io/)를 개설하고 다양한 정보를 배포했다. 이 사이트는 도쿄 대학의 정보기반센터와 대학 종합교육연구센터가 함께 운영하며 매일 업데이트한다.

하지만 모든 곳이 도쿄 대학처럼 인적 자원이 풍부하지는 않다. **시간과 인적 자원이 제한된 상황이라면 교수들에게 어떤 정보를 전달해야 할까.** 지방의 작은 공립대학인 하코다테미라이 대학은 **그때그때 교수들의 상황에 따라 필요한 정보만 추리는 방법으로 적당한 때에 필요한 정보만 제공했다.**

지금 교수에게 필요한 것은 무엇인가?

2020년 2월 28일, 코로나바이러스감염증으로 홋카이도에 긴급사태선언이 발령되었다. 그 이후 3월 13일 하코다테미라이 대학에서는 온라인 회의 시스템 줌^{Zoom}을 이용한 전체 교직원 회의가 열렸고, 신학기 개학을 4월 20일로 연기한다는 소식과 온라인 강의를 시행한다는 소식을 전했다. 온라인 강의 개시까지 남은 시간은 5주였다. 교수들이 온라인 강의용 동영상을 제작하고 퀴즈 등을 내는 기간을 3주로 예상하면, 3월 말까지 남은 2주 안에 온라인 강의 시행 방법에 대한 정보를 제공해야만 했다.

하코다테미라이 대학은 정보를 제공하기에 앞서 정보를 받을 사용자, 즉 교수들에 관해 정리하고 그들의 속마음을 예상해 보았다. (그림 2.5.1) 이 관점에서 교수들은 '온라인 강의가 대체 무엇인지'가 가장 궁금할 것이라 생각했다. 온라인 강의에는 실시간으로 수업을 중계하는 '실시간 강의'와 미리 제작한 동영상과 수업 자료를 배포하는 '녹화 강의'가 있다. 각 형식의 장단점과 주의점을 모르면 강의 계획을 세울 수 없고 물론 준비도 할 수 없다.

즉각적 대응이 필요했으므로 바로 '온라인 강의 진행 방법'이라는 PDF 자료를 작성했다. 제1탄이 배포된 시기는 전체 회의 날로부터 3일 후인 3월 16일이었다. **교수들이 궁금해할 정보만 추려서** 4페이지로 정리했다. 온라인 강의를 수강해 본 적이 없는 교수들이 많았기 때문에 유튜브에 올라와 있는 줌 온라인 강의의 URL을 소개하고, **온라인 강의를 실제로 경험**할 수 있도록 했다.

'온라인 강의 진행 방법' 제1탄

온라인 강의가
도대체 뭐야?

하코다테미라이 대학 교수

• 정보과학 연구원
• IT에 정통함
• 새로운 기술(물건)에 관심이 많음
• 서류를 읽는 일에 익숙함
• 강의를 각자 계획함
• 강의 계획을 세우는 일을 좋아함
• 온라인 강의는 해 본 적도, 들어
  본 적도 없음
• 온라인 강의에 관한 지식이 없음
• 전체 회의 참가로 Zoom 온라인
  회의는 경험해 봤음

• 온라인 강의 유형(실시간 강의, 무음성 녹화 강의, 음성
  녹화 강의), 각 유형의 장단점과 주의점을 설명.
  예) 녹화 강의의 경우
      반복해서 여러 번 시청할 수 있어 자기 속도에 맞춰 학
      습할 수 있다는 장점이 있다.

• 유튜브에 게시된 줌 온라인 강의 URL 소개
  예) 파워포인트 슬라이드를 사용하는 수업, 손으로 노트에
      쓰면서 설명하는 수업, Zoom 화이트보드 기능을 이용
      하는 수업 등.

대면 강의와
똑같이 할 수 있나?

• 대면 강의와의 차이, 온라인 강의 특유의
  아이디어 설명
  예) 온라인 강의는 계획을 잘 지키지 못하는 학생이나 집중
      력이 약한 학생은 뒤처지기 쉽다. 계속 학습하게 하려
      면 다음과 같은 아이디어가 필요하다.

▶ 그림 2.5.1 교수들의 상황을 정리, 현재 교수들이 원하는 정보를 제공한다.

강의 유형별로 구체적인 작성 절차 소개

온라인 강의 유형에 대해 알고 나면 교수들은 **다음으로 '자기 강의는 구
체적으로 어떻게 진행하면 되는지'**가 궁금할 것이다.

대학 강의에는 다양한 유형이 있다. 보통 교수가 일방적으로 이야기하는
강의를 떠올리겠지만 프로그래밍같이 실습 형태의 강의도 많다. 또한 판
서만이 아니라 파워포인트 슬라이드로 설명하는 강의도 많다.

이러한 **강의 유형에 따라 온라인 강의 방식도 달라진다.** 그래서 '온라인
강의 진행 방법' 제2탄은 **하코다테미라이 대학에서 진행하는 강의를 유형
별로 나눠 온라인 강의의 구체적인 자료 작성 절차를 그림으로 설명**했다.

먼저 **목차를 표지에 실어 유형별로 나누었다.** '1. 슬라이드 자료를 사용하는 실시간 강의', '2. 슬라이드 자료를 사용하는 녹화 강의'와 같이 강의 유형별로 어떤 방법으로 강의를 하는지 정리하면 교수들은 **자기가 보고 싶은 부분만 참고할 수 있다.**

인터넷 정보를 활용한다

제2탄 자료는 3월 27일에 배포했고 작성 기간은 10일 정도 걸렸다. 10일 안에 줌의 자세한 기능까지 담을 수는 없었다. 그래서 표지에 "이 자료에는 줌의 기본적인 기능만 설명되어 있습니다. 자세한 설정과 응용 방법은 다음을 참고해 주세요"라는 주석을 달고 줌 매뉴얼이 게시되어 있는 사이트의 URL을 소개했다. 또한 유튜브에 줌과 관련해 다양한 콘텐츠가 올라와 있었으므로 이를 검색하는 요령도 소개했다.

모든 자료를 사전에 작성하려면 엄청난 노력과 시간이 든다. 이럴 때 편하게 이용할 수 있는 것이 바로 인터넷이다. 인터넷에는 도움이 되는 사이트가 많다. **교내 또는 사내용이라면 이런 사이트를 소개하거나, 사용자가 스스로 해당 사이트를 찾을 수 있는 방법을 소개하면 목적을 달성할 수 있다.**

실제로 첫 온라인 강의의 성공을 위해 교수들은 이런저런 궁리를 했다. 자료에 쓰여 있는 방법만이 아니라 인터넷에서 알아낸 방법을 도입하거나 거기서 한 단계 더 발전시켰다.

오사와 에이이치 교수(지능 시스템 코스)는 수학 강의에 스탠드 스캐너를 도입했다. 스탠드 스캐너로 노트를 비추고 노트에 수식을 손으로 적으면서 설명하자, '강의실 화이트보드보다 보기 편하고 이해가 잘 된다'고 호평을 받았다.

또한 사쿠라자와 시게루 교수(복잡계 코스)는 학생들과의 양방향 소통을 위해 '파파파코멘트(http://papapac.com/)'라는 툴을 이용했다. '파파파코멘트'는 '니코니코동화(일본 최대의 동영상 서비스)'처럼 화면 위에 댓글을 표시해 주는 툴이다. 집에서 강의를 들으면서 자기 컴퓨터로 질문이나 감상을 입력하면 즉시 교수의 스크린에 표시되고, 다른 학생들도 동시에 같이 볼 수 있다. 사쿠라자와 교수가 질문을 받아 그 자리에서 답을 해 준다. 마치 교수와 학생이 실제로 질문을 주고받는 듯한, 현장감 있는 강의였다.

사용자는 처음에 얻은 정보를 통해 배우고 더 진화시켜 간다. 이것 역시 UX의 특징 중 하나다.

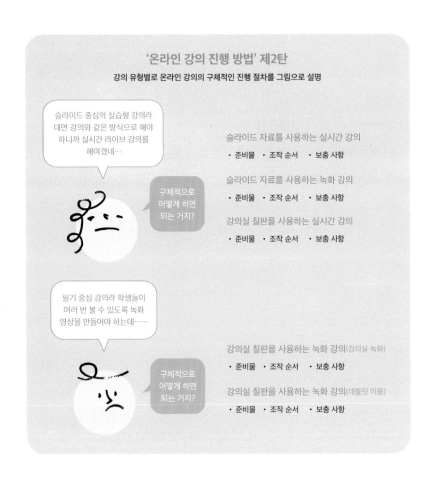

▶ 그림 2.5.2 수업 유형에 따라 필요한 정보를 참고할 수 있도록 한다.

연습 문제

2장에 소개된 사례에서 사용자 경험을 앱이나 설명에 어떤 식으로 반영하여 고객 만족도를 높였는지 아이디어의 포인트를 정리해 봅시다.

문제 1

2.2에서 소개한 사례는 디자인 회사가 클라이언트 기업의 의뢰를 받아 사용자에게 친근한 앱과 시스템 기반을 개발한 사례입니다. 사용자와 클라이언트 기업이 깨닫지 못한 니즈를 어떻게 찾아냈는지 이 사례에서 있었던 일을 모두 골라 주세요. (복수 응답 가능)

① 타깃 사용자와 같은 속성을 가진 사람들을 모아 워크숍을 개최했다.
② 웹을 통해 설문 조사를 시행하여 니즈를 조사했다.
③ 새로운 비즈니스 모델이 사회에 왜 필요한지 사용자를 대상으로 청취 조사를 했다.
④ 다른 입장의 관계자들에게 각각 어떤 것이 좋을지 논의하여 파악했다.

답
_____

문제 2

2.3은 고객 관점으로 FAQ 사이트를 개선한 사례입니다. 이 사례에서 있었던 일을 모두 골라 주세요. (복수 응답 가능)

① FAQ에 올리는 질문은 매일 변하는 사용자 니즈를 반영해 수정했다.
② FAQ에 제품 정보를 올리자 사용자의 평가가 좋아졌다.
③ 사용자가 어떤 상황에서 무엇을 필요로 하는지를 생각해, 사용자의 문제를 해결하려고 노력한 결과 사용자 평가가 좋아졌다.

④ FAQ 작성을 위한 가이드라인에는 '줄 바꿈 위치 통일'과 같이 표기 관련 규칙만 정해져 있다.

답 _____

문제 3

2.4는 정보 시스템 및 정보 디자인 전문가가 비전문가인 어부들과 협업해 시스템을 개발한 사례입니다. 이 사례에서 일었던 일을 모두 골라 주세요.
(복수 응답 가능)

① 어부들은 터치패널형 컴퓨터를 사용하지 않았다.
② 고령의 어부들이 부담 없이 참여할 수 있도록 설명했다.
③ 어부들과 협업하기 위해 처음에 대학에서 어부들을 인터뷰했다.
④ 어부들이 안고 있는 문제가 명확했기 때문에 어부들에게 문제에 관한 설명을 들었다.

답 _____

문제 4

2.5는 온라인 강의 시행을 위한 정보를 어떻게 교수들에게 제공했는지에 관한 사례입니다. 이 사례에서 있었던 일을 모두 골라 주세요.
(복수 응답 가능)

① 정보를 제공하기 전에 해당 교수들이 어떤 사람들인지 정리했다.
② 교수들에게 온라인 강의에 관한 모든 정보를 한 번에 제공했다.
③ 온라인 강의의 장점에 더해 단점과 주의점, 온라인 강의 특유의 아이디어도 설명했다.

④ 목차는 기능별로 나누고 기본적인 기능부터 응용할 수 있는 자세한 기
능까지 총망라했다.

답 _____

해답과 해설

문제1 ① ④

① 타깃 사용자와 같은 속성을 가진 학생들을 모아서 워크숍을 실시해 니즈를 파악하고, 사용하는 언어를 수집해서 분석했다.

② 새로운 서비스를 개발할 때는 웹을 통한 설문 조사를 하지 않는다.

③ 새로운 비즈니스 모델이 사회에 왜 필요한지는 사용자가 상상하기 어려우므로 청취 조사는 하지 않는다.

④ 클라이언트 기업 내 다른 입장에 있는 관계자에게 각각 무엇이 좋은지 워크숍을 통해 논의하고 파악했다.

문제2 ① ③

① 코로나바이러스감염증 확산 방지를 위해 외출 자제 요청이 계속되자 '전자 악기에 헤드폰을 연결하는 방법'에 대한 문의가 늘었다. FAQ는 매일 변하는 사용자 니즈를 가시화한다고 볼 수 있다.

② "【디지털 피아노/전자 키보드】 어떤 헤드폰을 써야 하나요?"라는 질문에 헤드폰 단자에 관한 제품 정보를 적은 FAQ는 다른 답변에 비해 사용자 평가가 좋지 않았다.

③ "【디지털 피아노/전자 키보드】 어떤 헤드폰을 써야 하나요?"라는 질문에 담당자는 '다른 브랜드의 스테레오 미니 플러그 헤드폰을 쓰려다 문제가 생긴 것은 아닐까?'라는 생각을 했다. 이처럼 사용자가 어떤 상황에서 무엇이 필요한지를 생각해 문제를 해결하려고 했고, 관점을 고객 중심으로 바꾸자 평가가 좋아졌다.

④ FAQ 작성을 위한 가이드라인에는 레벨1에서 레벨5까지 단계가 설정되어 있다. '줄 바꿈 위치 통일 규칙'과 같은 레벨 1부터 사용자의 마음을 헤아리는 레벨 5까지 나누어져 있다.

문제 3 ① ②

① 어부들은 평소에 스위치를 누르면 바로 사용할 수 있는 기기들을 사용했다. 터치 패널형 컴퓨터는 평소 기기들과 조작 방법이 달라서 잘 사용하지 않았다.

② 고령의 어부들이 부담 없이 참여할 수 있도록 "가끔 입력하는 걸 잊어버리셔도 자원량 추정치에는 크게 영향이 없습니다"라고 설명했다.

③ 어부들과 협업하기 위해 개발자인 와다 교수팀이 현장에 가서 시설과 작업 모습을 견학했다. 우선 현장을 보고 사용자인 어부들의 일을 이해하는 것이 중요하다.

④ 어부들이 안고 있는 문제는 막연했기 때문에 개발자들이 질문을 하면서 함께 문제를 정리했다.

문제 4 ① ③

① 정보를 제공하기 전에 정보를 받을 교수들이 어떤 사람들인지 정리했다. 이때 페르소나 기법(3.3 참고)을 이용했다.

② 그 상황에서 교수들이 가장 궁금해 할 사항이 무엇인지 예상해 그에 맞는 정보로만 추려서 제공했다.

③ '온라인 강의 진행 방법' 제1탄은 온라인 강의의 장점에 더해 단점과 주의점, 온라인 수업 특유의 아이디어도 설명했다.

④ 강의 유형에 따라 온라인 강의 진행 방법이 달라지므로, 목차는 유형별(예: '1. 슬라이드를 사용하는 실시간 강의')로 나누었다. 이렇게 하면 교수들은 자기가 필요한 부분만 참고할 수 있다.

어서티브 assertive 하게 생각하기

요즘 다른 사람과 우호적인 관계를 맺고 문제 해결을 촉진하는 커뮤니케이션 스타일로 '어서티브 커뮤니케이션'이 주목받고 있다. 사용자를 중요하게 생각하는 UX도 어서티브 커뮤니케이션과 통하는 점이 많다.

어서티브 커뮤니케이션이란?

비영리법인 어서티브 재팬 assertive japan 은 어서티브 커뮤니케이션이란 "자신의 기분과 의견을 상대의 기분을 존중하면서 성실하고 솔직하게, 그리고 대등하게 표현하는 것"이라고 설명한다. 즉, 자기 자신이 소중하듯 상대도 소중하게 생각하는 커뮤니케이션을 의미한다. 어서티브 커뮤니케이션은 자기 존중과 타인 존중, 양쪽을 고려한 소통이다.

어서티브하지 않은 커뮤니케이션

어떤 소통이 어서티브하지 않은 커뮤니케이션인지를 알면 이 개념을 더 쉽게 이해할 수 있다. 홋타 미호 교수(긴키 대학)는 자기 존중과 타인 존중이라는 관점에서 어서티브하지 않는 커뮤니케이션을 공격형, 수동형, 조작형으로 나누어 정의했다.[*]

공격형은 자신만 존중하고 타인은 존중하지 않는 커뮤니케이션이다. 커뮤니케이션을 이기고 지는 승부라고 생각해, 자기주장을 밀어붙이며 상대에게 변화를 강요하는 유형이다.

가족에게 청소를 부탁했는데 하지 않은 상황을 예로 들어 보자. 공격형인 사람은 '내 요청은 정당했다. 상대가 잘못했다'라고 생각하며 "집안일은 분담해야 한다. 그러니 너도 청소를 해야 한다"라고 책임을 묻는다. 사실

---

[*] 홋타 미호 〈어서티브니스 트레이닝 효과 연구에 관한 문제점(원제: アサーティブネス·トレーニング効果研究における問題点)〉《교육 심리학 연구》, p.61, pp.412-424 (2013)

이 주장이 틀린 말은 아니니 상대는 그제라도 청소를 할 수도 있다. 하지만 이런 식으로 책임을 물으면 기분 좋을 사람은 하나도 없다. 결국 자신의 주장이 통했더라도 상대와 좋은 관계를 구축할 수는 없다.

수동형은 공격형과는 정반대로 자기 생각을 무시하고 타인의 생각을 존중한다. '청소를 부탁했는데 하지 않았다'는 사실에 불만을 느끼지만, 말해도 듣지 않을 테니 그냥 참고 자기가 청소를 한다. 그렇게 스트레스를 쌓아 간다.

조작형은 자기 생각도, 타인의 생각도 존중하지 않는 커뮤니케이션 유형이다. 겉으로는 상대의 의견에 동의하지만 사실 상대의 생각을 받아들이지 않는다. 그렇다고 자기 생각을 솔직하게 말하지도 않는다. 그러면서 입을 꾹 다물고 불쾌하다는 태도를 보이거나 투정을 부리며 상대를 조종하려고 한다.

자기 존중

공격형

- 자기 존중
  자신의 감정이나 요구, 의견은 정당하며 존중받아야 한다고 생각해 강하게 주장한다.

- 타인 무시
  상대의 사고방식이나 행동은 잘못되었으니 바꿔야 한다.

어서티브형

- 자기 존중
  자신의 감정이나 요구, 의견을 솔직하게 상대에게 전달한다.

- 타인 존중
  상대의 사고방식과 행동은 자신과 다를 수 있다. 서로의 차이를 이해하고 인정한다.

저 ←————————————————————→ 고 타인 존중

조작형

- 자기 무시
  자신의 감정이나 요구, 의견을 솔직하게 말하지 않는다. 보이지 않는 메시지로 상대를 조종하려 한다.

- 타인 무시
  표면적으로는 상대의 의견에 동의하지만, 속으로는 상대의 사고방식이나 행동은 인정하지 않는다.

수동형

- 자기 무시
  자신의 감정이나 요구, 의견은 말할 가치가 없다고 생각해 표현하지 않는다.

- 타인 존중
  상대의 요구나 의견, 행동은 정당하다고 생각해 그냥 받아들인다.

▶ 그림1 커뮤니케이션 유형

일상생활 속 어서티브 커뮤니케이션

어서티브한 커뮤니케이션은 자신과 타인을 모두 존중하며 성실하고 솔직하게 행동한다. 청소를 부탁했는데 무시당했다면 누구나 실망하고 화가 나기 마련이다. 하지만 그 감정을 그대로 드러내며 화를 내면 공격형 커뮤니케이션이 될 수 있다. 감정에 치우치지 말고 자기 생각과 기분을 솔직하고 정중하게 상대에게 전달해야 한다.

상대의 생각은 자신의 생각과 다를 수 있다. 어쩌면 상대에게는 청소를 할 수 없었던 이유가 있었는지도 모른다. 게으름을 피웠다고 단정 짓지 말고 이유를 물어 본 후에 어떻게 하면 좋을지 의논하면 된다.

이처럼 어서티브 커뮤니케이션은 쓸데없는 스트레스를 만들지 않고, 상대와 우호적인 관계를 형성해 문제 해결에 도움을 준다.

사용자를 타인이라 생각하고 존중한다

강한 표현으로 상대를 비난하는 것만이 공격형 커뮤니케이션은 아니다. 예를 들어 컴퓨터 소프트웨어와 관련해 '○○가 안 된다'라는 사용자 문의가 들어왔을 때, '사용자가 잘 몰라서', '틀림없이 사용자가 잘못 사용해서'라고 생각하고, 해결 방법을 일방적으로 제시하는 행동도 타인인 사용자를 무시하는 공격형 커뮤니케이션이라 할 수 있다.

어서티브 커뮤니케이션의 '타인 존중'은 '상대는 나와 다르다. 상대에게는 그 사람 나름의 의견과 감정이 있다'라는 생각을 가지고 '상대의 의견과 감정을 파악해서 이해하고 인정하는' 것을 의미한다. 그 후에 해결 방법을 찾는다.

UX 라이팅도 사용자의 의견과 감정을 이해한 후에 상품과 서비스의 정보를 제공한다. 그 바탕에는 타인인 사용자를 존중히고 상품과 서비스에 관한 정보를 성실하고 솔직하게, 정중히 전달하려는 어서티브 커뮤니케이션이 자리 잡고 있다.

제3장

UX 라이팅
프로세스

UX 디자인 프로세스의 활용

사용자 중심으로 움직이는
UX 디자인 프로세스

서비스 디자인을 설계할 때 사용자를 중심에 두고 개발하는 방법을 **UX 디자인**이라고 한다. UX 디자인의 특징은 사용자 경험을 높이기 위해 사용자를 자세하게 분석하는 과정을 거친다는 점이다.

그림 3.1.1은 치바 공업대학의 안도 마사야 교수가 쓴《UX 디자인 교과서(원제:UX デザインの教科書)》(마루젠출판사)에 소개된 'UX 디자인 프로세스'를 바탕으로 작성한 예다. 조사/분석해서 콘셉트를 잡아 프로토타입을 만들고 평가한 다음 제공(공개)한다.

UX 디자인 또는 UX 리서치라 불리는 분야에는 그림 3.1.1의 각 프로세스를 통해 사용자의 니즈와 경험을 언어화/시각화해서 분석/검토하는 다양한 기법이 존재한다. 그중 대표적인 기법을 그림 3.1.1의 오른쪽에 실었다. 'UX 라이팅'은 UX 디자인 기법을 활용해서 방침을 정하고 작성하기 때문에 개인의 감각이나 감성에 기대지 않고, 사용자가 이해하기 쉬운 글을 작성할 수 있다.

UX 라이팅은 애자일 개발과 찰떡궁합

스피드가 생명인 현대 사회에 들어서면서 시스템 개발 방법도 달라졌다. 기존의 워터폴Waterfall 개발은 많은 시간을 들여 요건을 정의하고 스펙을 정한 다음, 프로그래밍으로 구현해서 테스트를 진행했다. 하지만 애자일^{agile} 개발은 일단 간단히 설계해서 만들고 테스트를 거쳐 개선하는 과정을 반복하며 완성해 간다.

사용자 조사를 시행해서 프로토타입을 만들고 사용자에게 평가를 받아 그들에게 친밀한 서비스를 만드는 **UX 디자인과 공통 요소가 많은 방법이 애자일 개발**이다.

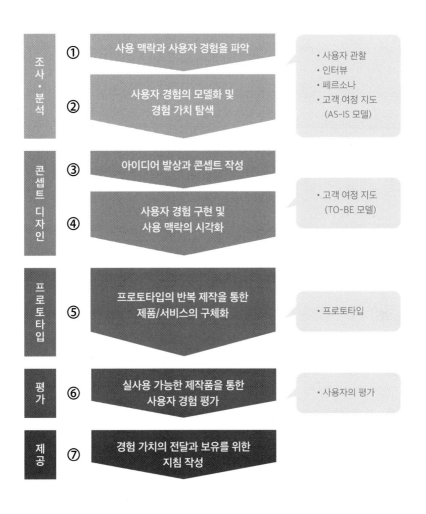

▶ 그림 3.1.1 UX 디자인 프로세스(좌)와 기법(우)

워터폴 Waterfall 개발

요건 정의 스펙 설계 제작 테스트

애자일 agile 개발

설계 제작 테스트 설계 제작 테스트 설계 제작 테스트

▶ 그림 3.1.2 시스템 개발 방법의 차이

SE와 PM도 UX 디자인 지식을 활용한다

이 책을 집필할 당시에는 서비스 디자인에 관한 생각이 널리 퍼져, 기업뿐만 아니라 행정기관이나 지자체에서도 UX 디자인적 사고를 시스템 개발에 적용하는 움직임이 일기 시작했다. 필요한 기능은 발주 담당자가 생각하고 시스템 개발 회사는 하청을 받아 개발하던 기존의 시스템은 사용 편의성이 좋지 않아, 최악의 경우 사용자에게 외면받는 경우가 많았기 때문이다.

이러한 상황을 바꾸기 위해 **인간 중심 디자인이라는 생각을 도입한 UX 디자인이 주목**을 받기 시작했다. 비영리법인 '인간중심설계추진기구HCD-Net'는 이런 움직임에 발맞춰 UX 디자인 전문가 외의 발주자와 경영자, 시스템 엔지니어SE, 프로젝트 매니저PM 등의 관계자가 알아야 할 인간 중심 디자인의 기초 지식 체계를 정리하여 2020년 11월에 발표했다. 그림 3.1.3은 그 지식 체계를 그림으로 나타낸 것이다. 인간 중심 디자인의 특징은 다음 **세 가지 프로세스를 반복하며 진행한다는 점이다.**

- 요건 정의
- **구현** (프로토타입 제작 포함)
- 평가

디자인 기법을 경험하며 사용자를 이해해 간다

'인간 중심 디자인'이란 명칭에도 나타나 있듯이 사람이 중심이어야 할 시스템이나 서비스가 걸핏하면 제공자의 사정이나 요구에 맞춰 만들어진다. 사용자 경험을 중심으로 한 시스템이나 서비스로 바꿔 가려면 무엇보다 사용자를 파악하는 일이 중요하다.

하지만 사용자에 대해 알고 싶어도 실제로는 잘 모르고 있는 것이 현실이다. 그래서 UX 디자인 기법을 활용한 조사/분석 방법을 추천한다. 3.2에서는 사용자 인터뷰와 페르소나 등 UX 디자인의 전형적인 기법을 간단히 정리해 가까운 예와 함께 설명한다. 자신의 힘으로 사용자를 보는 눈을 키우고 그들을 파악하는 방법을 익혀 보자.

▶ 그림 3.1.3 인간 중심 디자인의 기초 지식 체계도

그렇구나!
UX 디자인 기법으로
자료를 작성하니까
사용자의 마음을 알겠어.

관찰과 인터뷰로
사용자를 파악한다

겉모습을 관찰하고 속마음을 듣는다

UX 디자인은 사용자를 자세히 관찰해서 사용자도 깨닫지 못한 니즈나 문제를 찾아낸다. 이를 위해 프로세스 첫 단계인 '조사/분석'에서 사용자의 행동 관찰과 인터뷰 기법을 활용한다.

사용자 행동 관찰은 시스템이나 서비스를 이용하는 사용자의 행동을 외부에서 관찰하고 기록, 분석하는 일을 말한다.

인터뷰로는 행동 관찰로 알 수 없는, 즉 사용자 본인도 깨닫지 못한 니즈와 본질적 욕구를 파악한다.

그림 3.2.1과 같이 사용자 행동 관찰과 인터뷰를 조합하면 사용자의 외면과 내면을 '보고 들을 수 있다'. 이 기법을 통해 상상만 하던 사용자에게서는 알 수 없었던 '새로운 깨달음'을 얻을 수 있다.

사용자 환경에서 행동을 찬찬히 관찰한다

사용자의 집이나 직장, 공공장소와 같이 사용자가 시스템과 서비스를 이용하는 실제 장소에서 어떤 행동을 하는지를 보는 것이 행동 관찰이다.

업무 시스템의 경우, 사무실에서 어떤 업무를 할 때 어떤 식으로 시스템을 사용하는지 관찰한다. 예를 들어 행정 시스템이라면 시청에서 담당자와 시민이 대화하면서 어떤 식으로 시스템을 이용하는지 관찰한다.

메모하거나 동영상을 찍어 기록하고 일련의 행동을 통해 사용자가 어떤 식으로 시스템이나 서비스를 사용하는지 관찰해 보자. 시간이 걸리는 작업이나 머뭇거리는 부분은 어디인지, 행동에서 문제가 드러날 것이다.

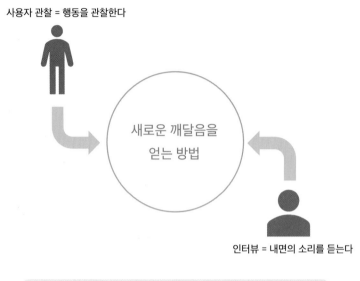

▶ 그림 3.2.1 **사용자 행동 관찰과 인터뷰의 관계**

인터뷰 질문 준비는 이렇게

사용자를 인터뷰할 때는 미리 질문을 준비해야 한다. 질문 개수는 인터뷰 시간에 맞춰 조절한다. **인터뷰의 목적과 알고 싶은 정보에 따라 질문의 수와 내용을 정해 인터뷰 전체를 설계해야 한다.**

인터뷰에 사용하는 질문에는 두 가지 유형이 있다. 이 두 가지를 잘 조합하여 질문하도록 한다.

- 닫힌 질문: '네', '아니오'로 대답할 수 있는 질문
- 열린 질문: '왜?', '어떻게?'를 끌어낼 수 있는 질문

닫힌 질문은 '학습 앱을 사용하십니까?' 같은 질문을 말한다. '네' 또는 '아니오'로 대답할 수 있는 답하기 편한 유형의 질문이다.

열린 질문은 거기서 한 단계 더 파고 들어간다. 앞서 닫힌 질문에서 '네'라고 대답했다면 '언제, 무슨 목적으로 사용하십니까?'라고 질문해서 더 구체적인 사용 현황을 알아낼 수 있다. 만약 '아니오'였다면 '왜 사용하지 않습니까?'라고 질문해 사용하지 않는 이유를 알아낼 수도 있다.

질문은 답하기 편한 닫힌 질문으로 시작해서 열린 질문으로 나아가는 편이 좋다. 열린 질문에서는 사용자가 드러내지 않는 정보는 없는지 주의하며 차분히 듣는다. 또한 **미리 정해 둔 순서에 따라 질문하지 말고 사용자에게 배운다는 자세로 들어야 한다.** 인터뷰에서도 사용자를 중심에 두고 생각하는 자세가 중요하다.

서로 깨달음을 주는 그룹 인터뷰 효과

인터뷰를 통해 여러 명의 사용자에게 개별적으로 의견을 들으면 사용자의 다양한 목소리를 파악할 수 있다.

반면 여러 명의 사용자를 그룹으로 나누고 질문에 대해 의견을 나누는 '그룹 인터뷰' 방법을 쓸 때도 있다. 사용자끼리 서로 의견을 말하고 듣는 과정에서 솔직한 감상과 숨겨진 니즈를 찾아낼 수 있다.

그리고 또 하나, '워크숍'을 열어 사용자와 함께 생각하고, 사용자의 숨겨진 니즈나 '언어'를 끌어내는 방법도 있다. **워크숍은 과제를 설정하고 참가자들이 함께 과제 해결에 몰두함으로써 경험을 통해 답을 찾아내는 방법이다.** 예를 들면 대학생들을 모아 '자신에게 가장 필요한 취업 사이트를 만들어 보자'라는 과제를 주고, 몇 시간에서 하루 정도 시간을 준다. 그 시간 동안 몇 가지 활동을 통해 취업 사이트를 구현하게 한다. 워크숍은 전체 계획을 설계하는 일이 가장 중요하다.

이때 설계한 내용에 따라 워크숍을 이끌어 갈 '진행자Facilitator'도 정한다.

진행자는 중립적인 입장에서 그룹 활동을 지원한다.

▶ 그림 3.2.2 닫힌 질문의 예

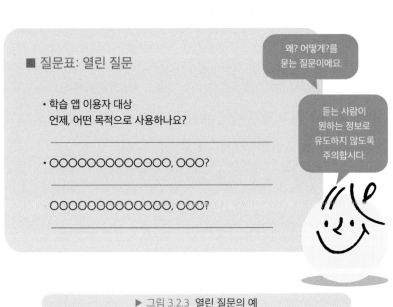

▶ 그림 3.2.3 열린 질문의 예

페르소나 기법으로 사용자의 얼굴을 가시화한다

'얼굴이 없으면' 사용자가 보이지 않는다

사용자 행동 관찰과 인터뷰를 시행해 사용자의 생각을 분석해도, 막상 프로토타입을 만들거나 화면에 표시할 메시지를 생각하기 시작하면 사용자는 잊어버리고 제공자 관점으로 돌아가기도 한다.

글을 쓰기 전에 누가 읽을지는 생각했는가? 혹시 '○○한 이미지를 가진 사람'이라고 대충 생각하고 글을 쓰고 있지 않은가?

UX 디자인은 사용자를 분석하고 문제를 찾아내서, 그 문제를 해결하는 서비스와 기능을 제공해 서비스의 가치를 높인다.

이를 위해서는 사용자 조사 결과를 팀에서 분석하고 그것을 바탕으로 예상되는 대상을 특정해서 구체화해야 한다. 그렇지 않으면 각자 생각하는 '대상'에 차이가 생긴다. '청년층부터 중년 사회인까지 스마트폰으로 공부할 수 있는 학습 앱'을 개발한다고 하자. 가장 중요한 사용자는 누구로 예상하면 될까?

'사용자는 청년층부터 중년 직장인까지 업무에 도움이 되는 스킬을 배우고 싶어 하는 사람'이라고 정했다면 너무 모호하다. '청년층'은 몇 살을 말하는 것인지, '중년 직장인'은 어느 정도의 직장 경력을 가진 사람인지, 사람에 따라서 보는 기준이 다 다르다. 업무에 도움이 되는 스킬이 무엇인지도 분명치 않다. 이대로라면 누구인지 모를 '얼굴 없는 사용자'를 상대로 개발하게 된다.

페르소나 기법으로 사용자를 그려 낸다

그래서 UX 디자인은 '페르소나Persona 기법'을 사용해 사용자의 모습을 구체적으로 그려 본다. 페르소나 기법은 실제 존재하는 사람처럼 가상의 사용자를 구체적으로 묘사하는 방법이다. 미국의 소프트웨어 설계자 앨런 쿠퍼Alan Cooper가 1999년에 개발한 이 기법은 나이나 직업 등의 속성을 자세하게 설정할 뿐만 아니라, 사용자 조사에 근거해 사용자의 가치관과 행동 패턴을 검토하여 사용자의 모습을 그려 낸다. 즉, 실제 사용자를 만드는 방법으로 다음과 같은 장점이 있다.

특정 니즈를 가진 사용자를 만족시킨다

모든 사용자의 니즈를 만족시킬 수는 없다. 오히려 너무 많은 사용자를 만족시키려 한 나머지 타깃을 좁히지 못해, 특징도 없이 기능만 많은 시스템이나 서비스가 될 수도 있다. 이런 경우에는 사용자 유형의 범위를 좁혀 니즈를 명확하게 하면 만족스러운 서비스와 제품을 만들 수 있다.

팀 내에서 사용자 이미지를 공유한다

앞서 말했듯이 '청년층'이나 '중년'이라고 하면 사람마다 보는 기준이 제각각이다. 이런 차이가 생기지 않도록 페르소나를 만들면 공통된 인식을 가질 수 있다. 고민이 생겼을 때 팀원들의 개인적 생각이 아니라 '이 페르소나라면 어떻게 생각할까'라는 관점을 판단 기준으로 하면 차이를 줄일 수 있다.

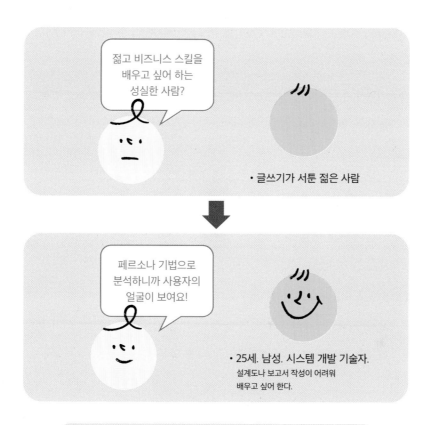

▶ 그림 3.3.1 페르소나 기법으로 사용자의 모습을 분명하게 그린다.

페르소나 시트로 페르소나 만들기

페르소나 기법을 활용해서 사용자의 모습을 그릴 때는 서비스나 시스템을 개발하는 모든 사람이 함께해야 한다. 그래야 각자가 생각하는 사용자 모습을 명확하게 정리하고 공통된 인식을 만들 수 있다.

사용자 조사/분석을 마쳤다면 그림 3.3.2와 같이 페르소나 시트를 만들어 정리해 보자. 페르소나의 모습을 위쪽 두 칸에 적고 행동과 특징, 니즈, 불만을 아래쪽 칸에 적는다.

페르소나 시트는 다음과 같은 순서로 정리한다.

① 팀원 모두 페르소나 시트에 각자가 생각한 사용자의 모습을 적는다

（2)번부터 (4)번 칸에 행동 관찰과 인터뷰를 통해 알아내고 분석한 사용자의 특징을 자기 생각대로 적는다.

② 각자의 페르소나 시트를 발표한다

이 단계에서는 다른 팀원의 페르소나를 부정하거나 비판하지 말고 각자의 생각을 공유한다.

③ 사용자 모습을 합성한다

하나의 페르소나로 정리하여 합성한다. 유형이 다른 페르소나가 필요하다면 검토해서 여러 개의 페르소나를 만든다.

④ 이름과 초상화를 그린다

페르소나에게 이름을 붙여 주고 어떤 이미지를 가진 사람인지 캐릭터로 그린다. 캐릭터 대신 사진을 사용해도 좋다. 필요하다면 (2)번 프로필에도 추가해 둔다.

페르소나를 만들 때 주의 사항

페르소나를 정리할 때 여러 명의 페르소나를 만들기로 했다면 페르소나 시트도 그 수만큼 작성해야 한다. 다만 페르소나의 수가 지나치게 많으면 전형적인 사용자를 구체화해서 활용하려는 목적이 흐려진다. 우선순위를 정해 적정 수를 정해야 한다.

페르소나 시트

(1) 페르소나의 이름과 이미지	(2) 페르소나의 프로필
• 이름 :	• 성별 : • 나이 : • 직업 :
(3) 페르소나의 행동/특징 • 특징이나 자주 하는 행동	**(4) 페르소나의 니즈와 불만** • 니즈(목표) • 불만

▶ 그림 3.3.2 페르소나 시트 (2)번에서 (4)번 칸을 채운다.

페르소나 시트 (작성 예시)

(1) 페르소나의 이름과 이미지	(2) 페르소나의 프로필
• 이름 : 김 민 수	• 성별 : 남성 • 나이 : 25세 • 직업 : 시스템 개발자 대학 졸업 후 바로 입사한 3년 차 개발자. 높은 의욕을 보여 신규 프로젝트를 맡게 되었다.
(3) 페르소나의 행동/특징 • 특징이나 자주 하는 행동 상황을 논리적으로 생각하고 시스템 전체를 보며 꾸준히 노력한다. 한편, 자기 머릿속에 있는 생각을 표현하는 일에 서툴다. 상사에게 작성한 보고서가 이해하기 어렵다 는 지적을 받은 적이 있다.	**(4) 페르소나의 니즈와 불만** • 니즈(목표) 상대가 쉽게 이해할 수 있는 글쓰기 기술을 배우고 싶다 • 불만 글쓰기 기술을 배운 적이 없어서 어떻게 써야 할지 고민할 때가 많다.

▶ 그림 3.3.3 팀원이 작성한 페르소나 시트를 한 장으로 정리하고
(1)번 칸에 이름과 캐릭터를 넣는다.

페르소나 시트 활용법

페르소나 시트를 작성한 후에는 팀원들이 잘 볼 수 있는 곳에 붙여 둔다. 작성만으로 만족하지 말고 **항상 눈에 보이는 곳에 두어야 한다.** 물론 그룹 웨어에도 등록해서 항상 참고할 수 있도록 해 두면 더 좋다.

"김민수 씨라면 자투리 시간에 금방 배울 수 있도록 명쾌하게 설명해서 다음 단계로 이끌어주는 글을 좋아할 거야." 이렇게 서비스 설명문을 작성할 때나 그 표현을 고민할 때 항상 페르소나를 염두에 둘 수 있다.

여러 명의 페르소나를 만들었다면 주로 어떤 페르소나를 타깃으로 할지를 생각하며 작성한다. 시스템이나 서비스에 사용하는 글은 목적별로 준비하

> 비즈니스 스킬 중에도 '라이팅 스킬'은 중요한 커뮤니케이션 스킬입니다. 비즈니스 문서에는 '사내 문서'와 '사외 문서'가 있으며, 종류에 따라 작성하는 요소도, 표현도 다릅니다. '사내 문서'는 회사 내부의 상사나 동료, 조직 관계자를 대상으로 작성하는 글로……

BEFORE

▶ 예문 3.3.1 페르소나를 고려하지 않고 대학생을 포함한 청년층을 타깃으로 작성한 글

> 원격 근무가 보급된 요즘, 생각을 글로 전하는 '라이팅 스킬'이 더 중요해졌습니다. 우선 각종 업무 연락이나 메일과 같은 '사내 문서' 작성법부터 배워봅시다.

AFTER

▶ 예문 3.3.2 페르소나 김민수 씨를 고려해서 작성한 글

고, 그 목적을 이루고 싶어 하는 페르소나를 타깃으로 작성한다.

리뷰할 때도 설정한 페르소나가 쉽게 이해할 수 있을지, 받아들이기 쉬울지를 판단 기준으로 삼는다.

페르소나를 성장시키며 함께 나아간다

페르소나는 프로젝트 초기에 만들어 서비스나 제품 개발 프로세스 전체에서 활용한다. 프로토타입을 완성했다면 평가할 때 활용하고, 수정이 필요하면 추가나 변경할 때 지침으로 활용한다.

또한 **페르소나는 프로젝트를 진행하면서 필요에 따라 수정하거나 추가할 수 있다.** 처음에 정한 인물상을 답습하면서 조금씩 성장시켜 친한 친구가 되어가는 과정과 비슷하다.

더 자세한 분석을 원한다면 '페르소나 공감 지도'

서비스를 개발할 때 사용자의 바람을 더 세세하게 분석해야 하는 경우가 있다. 이때 **서비스 디자인에서는 그림 3.3.4와 같이 페르소나 시트를 좀 더 심도 있게 구성한 '페르소나 공감 지도'를 사용하기도 한다.** 사용자를 중심에 두고 어떤 생각을 가지고 무엇을 보고 듣는지, 무엇을 하고 싶어하는지를 생각해 본다. 아울러 이를 방해하는 요인은 무엇이고, 무엇을 얻고자 하는지를 정리할 수 있다.

페르소나 공감 지도

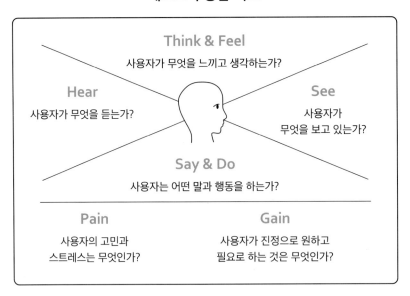

▶ 그림 3.3.4 **페르소나 공감 지도로 더 자세하게 사용자의 니즈를 정리할 수 있다.**

고객 여정 지도로
행동을 파악한다

시간 순서에 따른 경험을 지도로 만든다

페르소나 시트로 가상의 사용자를 만들었다면 다음은 그 사용자가 어떤
식으로 시스템과 서비스를 이용할지 그 행동을 파악해서, '고객 여정 지도
Customer Journey Map' 템플릿에 정리해 보자.

**고객 여정 지도는 사용자의 경험을 시간 순서에 따라 표와 그림으로 나타
내고, 현재AS-IS와 바람직한 모습TO-BE을 정리하는 기법이다.** 이때 사용자의
행동을 분석하기 편하도록 그림 3.4.1과 같이 몇 가지 항목으로 나누고, 시
간 경과에 따라 정리한다.

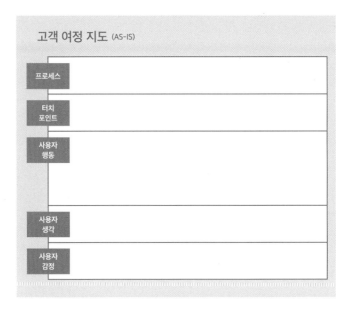

▶ 그림 3.4.1 고객 여정 지도 템플릿의 예

행동 프로세스와 터치 포인트를 적는다

특정 서비스와 앱을 사용자가 어떤 식으로 이용하는지 고객 여정 지도에 적어 보자. 여기서는 학습 앱을 이용하는 사용자를 가정하고 정리한다. 사용자 관찰과 인터뷰를 통해 작성한 페르소나가 어떤 행동을 할지 생각해서 정리한다.

- **프로세스: 행동 단계를 크게 잘라 나눈다.**
- **터치 포인트: 행동 단계별로 서비스와 시스템의 접점을 적는다.**

고객 여정 지도는 관계자들이 모여 그룹 활동으로 진행해도 좋다. 어떤 프로세스가 있는지, 터치 포인트는 어디인지와 같은 사항을 정리하다 보면 여러 관점에서 검토하게 되어 구체적인 행동 흐름이 잡힌다.

▶ 그림 3.4.2 고객 여정 지도에 프로세스와 터치 포인트를 작성

현재 사용자의 행동, 생각, 감정을 적는다

다음은 구체적인 행동(시스템과의 터치 포인트)을 적는다. 사용자 관찰과 인터뷰를 통해 알아낸 정보도 참고해서 사용자가 각 프로세스에서 무엇을 하는지 파악해 보자. 기능의 흐름이 아니라 사용자 행동에 초점을 맞춰 흐름을 정리하면 사용자가 각 단계에서 어떤 식으로 행동하는지가 보인다.

다음으로 인터뷰를 통해 알아낸 내면의 목소리에 맞춰 각 단계에서 어떤 생각을 가지고 행동했는지를 적는다. 분명 단계별로 다른 생각을 할 것이다. 그 생각을 적는다.

'사용자 감정' 칸에는 사용자의 감정 변화를 적는다. 의욕, 기대감 등 그림 3.4.3처럼 알기 쉬운 아이콘이나 키워드로 적으면 사용자의 마음을 가시화할 수 있다.

- 사용자 행동: 단계나 순서별로 자세하게 나누어 적는다.
- 사용자 생각: 사용자가 어떤 생각으로 행동했는지 적는다.
- 사용자 감정: 사용자의 감정 변화를 적는다.

AS-IS와 TO-BE로 형태를 잡아 간다

고객 여정 지도의 작성 목적은 현재의 사용자 행동을 시간 순서에 따라 정리하는 것이다. 그래서 '현재 모습'이라는 의미로 'AS-IS'라고 부른다.

또한 **문제를 적고 그것을 해결한 '바람직한 모습TO-BE'을 적은 고객 여정 지도를 사용하면 다음 단계인 프로토타입을 만들 때 도움이 된다.**

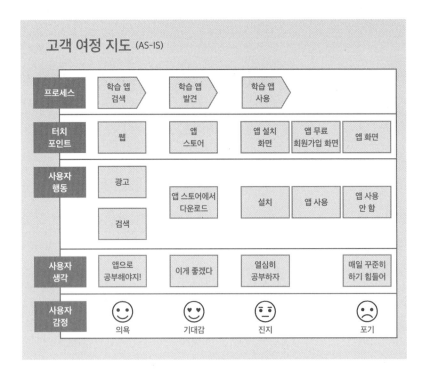

▶ 그림 3.4.3 고객 여정 지도에 사용자의 행동, 생각, 감정을 적는다.

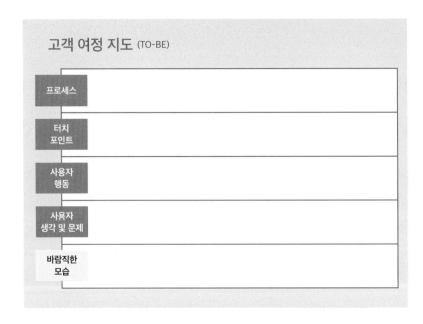

▶ 그림 3.4.4 바람직한 모습인 'TO-BE'를 적을 수 있는 고객 여정 지도

프로토타이핑으로
형태를 만든다

흐름에 따라 포인트 화면을 설계한다

시스템이나 서비스를 개발할 때는, 사용자 조사와 분석 결과에서 얻어 페르소나 시트와 고객 여정 지도를 통해 가시화한 정보를 바탕으로 **기능의 명칭이나 사용 용어를 정한다. 이때 사용자가 이해할 수 있는 용어와 표현을 사용해야 한다.**

그다음 화면 디자인을 볼 수 있는 **프로토타입**(시제품)**을 만들어 관계자의 평가를 받고 개선해 간다.** 실제 서비스를 제공한 후에 문제가 생길 위험을 줄여 주고, 높은 만족도의 시스템과 서비스를 제공하기 위해서다.

UX 디자인은 사용자 가치를 높이는 프로세스로 프로토타이핑prototyping(모형 제작)을 한다. 분석한 사용자의 특징과 니즈를 형상화해서 평가받고 개선하는 프로세스를 진행한다.

프로토타이핑은 고객 여정 지도와 터치 포인트로 알아낸 주요 화면 이미지를 형상화하는 방법이다. 프로토타입의 완성도는 프로젝트 시간과 예산에 맞춰 정한다. 시간과 비용에 여유가 있다면 버튼을 클릭했을 때 다음 화면으로 바뀔 수 있도록 작동하는 프로토타입을 만들 수도 있다. 하지만 시간과 예산에 여유가 없다면 '페이퍼 프로토타입Paper Prototype'이라 부르는 작동하지 않는 화면을 만들어 설명할 수도 있다.

언어에 주목해 프로토타입을 만든다

프로토타이핑을 할 때는 사용자 중심의 관점에서 화면의 단어나 메시지 같은 '언어' 사용에 주의해야 한다. 사용자와 서비스가 만나는 터치 포인트에서 사용자의 마음을 안심시킬지, 실망시킬지는 언어가 좌우한다. 따라서 사용자와 대화를 나누며 작업을 진행해 가는 듯한 언어를 선택해야 한다.

만약 사용자가 어색함을 느낀다면 이는 사용한 언어가 틀리지는 않았어도, 사용자에게 익숙한 언어가 아니거나 전문 용어를 설명 없이 사용하고 있을 가능성이 크다. 그림 3.5.1의 오른쪽 화면에 있는 '설치install' 버튼은 평소 앱을 설치하는 일에 익숙한 사용자라면 의미를 바로 알 수 있다. 하지만 앱을 사용하는 일이 많지 않거나 스마트폰 자체에 익숙하지 않은 사용자에게는 '시작하기'라는 표현이 더 이해하기 쉬울 수 있다.

사용자와 대화를 나누며 진행한다는 생각으로 사용자에게 전달하는 언어를 선택해, 프로토타입 화면을 만들어 보자.

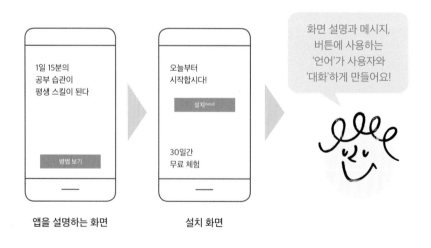

앱을 설명하는 화면   설치 화면

▶ 그림 3.5.1 **프로토타입 화면 구성**

프로세스에 따른 프로토타입 활용

프로토타입은 시스템과 서비스를 구현하기 위해 만든다. 따라서 목적과 프로세스에 따라 프로토타입 유형을 구분해서 사용해야 한다.

예를 들어 서비스 자체의 콘셉트를 기획하는 단계에서는 사용 모습과 화면, 어떤 식으로 사용하는지를 설명한 글을 여러 장의 판에 정리한 '스토리보드'를 만든다. 스토리보드 순서에 따라 종이극을 하듯이 설명하면 관계자가 서비스의 흐름을 구체적으로 머릿속에 그릴 수 있다.

그림 3.5.2는 스토리보드 템플릿 화면이다. 사용 상황, 화면 이미지, 화면 설명 등을 적는다.

다음 단계에서는 화면 조작과 반응을 구체화해 간다. 이 단계에서는 '와이어 프레임Wireframe'이라는 프로토타입을 만든다. 와이어 프레임은 버튼과 설명글 등을 화면 위에 '어디에, 어떻게' 배치할지 보여 주는 설계도다.

이때 서비스가 작동하는 모습을 알 수 있도록 와이어 프레임을 바탕으로 일부 시스템을 만들어 움직이는 프로토타입을 제작하기도 한다.

프로토타입으로 어디까지 구현할까?

프로토타이핑 프로세스에서는 **다음 요소로 완성도**(정밀도)**를 결정한다.**

• **목적**   • **기간**   • **비용**

프로토타입으로 어디까지 구현할지는 준비에 드는 시간(기간)과 예산(비용)에 따라 정해진다. 작동하는 프로토타입까지 만들 수 없다면 종이 위에 그린 화면을 프로토타입으로 사용하는 '페이퍼 프로토타입'을 만든다.

관계자가 시스템이나 서비스의 흐름, 화면 디자인 이미지를 확인하고 검토할 수 있도록 프로토타입 제작 기간과 예산에 맞춰 제작할 프로토타입의 종류를 고르고 준비하자.

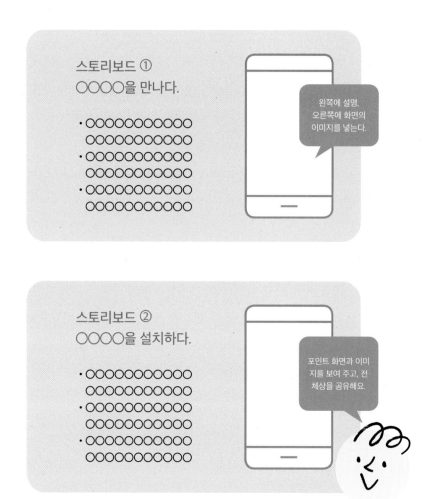

▶ 그림 3.5.2 스토리보드 템플릿

끊임없이 반복하는
'평가 후 개선'

프로토타입을 평가하고 개선한다

프로토타입을 만들어 형태를 갖추면 시스템과 앱의 흐름을 파악할 수 있다. 따라서 프로토타입을 평가할 때는 페르소나 시트와 고객 여정 지도에 더해, 분석한 사용자 니즈나 과제와도 일치하는지 검토하자.

UX 디자인 기법으로 정리한 각종 시트와 결과물을 활용하면 개인적 경험이나 감상에 치우친 평가를 막을 수 있어, 지금까지 다양한 관점을 반영해 고심하며 만들어 낸 결과에 오류가 없는지를 검토할 수 있다.

다른 관점을 가진 팀원의 평가를 받는다

평가에는 시스템이나 서비스 개발에 관여한 구성원 전체가 참여해야 한다. 아무리 훌륭한 시스템이라도 비즈니스로 이어져 사회 시스템으로 계속 사용되지 않으면 성공이라 할 수 없다.

UX 디자인 개발자와 시스템 개발 기술자 관점뿐만 아니라 시스템과 서비스에 관련된 영업이나 판매 담당자, 사용자를 지원하는 창구 담당자 등 **다양한 사람의 평가가 필요하다.** 사용자는 각자 상황도 다르고 경험치도 다르다. 각각의 담당자가 만나는 사용자의 문제를 해결할 수 있을지, 사용자의 기대에 부응할 수 있을지, 그들의 의견을 들어 보자.

이때 UX 디자인 가이드라인이 도움이 된다. 의견이 갈린다면 페르소나로 돌아와 '이 사용자라면 어떻게 생각할까'를 기준으로 다시 검토해 보자. 그리고 **가장 중요한 부분인 사용자 평가도 반드시 반영해야 한다.** 평가 프로세스를 통해 찾아낸 '언어'를 시스템과 서비스 개선에 반영한다.

고객 여정 지도 수정과 프로토타입 개선

관계자에게 평가를 받은 후에는 **필요에 따라 고객 여정 지도를 수정**한다. 특히 TO-BE를 수정하면 바람직한 서비스의 모습을 팀 전체가 공유할 수 있다.

3.1에서 설명했듯이 애자일 개발은 UX 디자인 프로세스에 따라 조사/분석, 콘셉트 설정, 프로토타이핑, 평가를 시행한다. 그리고 각 프로세스를 개선하면서 다시 프로토타이핑을 진행하고 평가하는 과정을 여러 번 반복하면서 최종 시스템과 서비스를 완성한다.

스토리보드 ①
스킬업 앱 '○○'을 만나다.

- 뉴스 서비스나 게임 서비스 광고 화면을 통해 오른쪽 그림과 같은 앱 소개 화면을 노출한다.
- 1일 15분의 공부 습관이 비즈니스 스킬 향상으로 이어진다는 점을 강조한다.

1일 15분의
공부 습관이
평생 스킬이 된다!

방법 보기

- 관계자를 모아 스토리보드를 바탕으로 설명한다.
- 의견과 질문에 답하고, 그 내용을 시스템 개발에 활용한다.

▶ 그림 3.6.1 스토리보드로 설명하고 평가를 받아 개선한다.

연습 문제

3장 본문에 나온 사례를 바탕으로 페르소나 시트와 고객 여정 지도를 작성해 봅시다. 본 문제에서는 사회인을 위한 '학습 앱'을 예로 들었지만, 본인이 관심 있는 서비스를 예로 들어도 괜찮습니다.

문제 1

자신이 개발하고 싶은 학습 앱 또는 기존 학습 앱을 하나 고르고, 아직은 자주 활용하지 않지만 앞으로 이 학습 앱을 사용하고 싶어 하는 페르소나를 다음의 페르소나 시트에 적고 분석해 봅시다.

페르소나 시트

(1) 페르소나의 이름과 이미지 • 이름 :	(2) 페르소나의 프로필 • 성별 : • 나이 : • 직업 :
(3) 페르소나의 행동/특징 • 특징이나 자주 하는 행동	(4) 페르소나의 니즈와 불만 • 니즈(목표) • 불만

문제 2

문제 1에서 분석한 페르소나가 어떤 식으로 학습 앱을 알게 되고 이용하게 되는지, 고객 여정 지도$^{AS-IS}$ 템플릿을 사용해 현재의 고객 여정 지도를 작성해 봅시다.

해답 및 해설

UX 디자인에는 정답이 없습니다. 형태를 만들어 가면서 사용자 중심의 더 나은 시스템과 서비스를 만드는 작업일 뿐입니다.

해답을 참고해서 사고의 방향을 잡아 보시기 바랍니다.

또한 친구나 동료와 함께 의논하며 작성하면 효과적으로 UX 디자인적 사고의 폭을 넓힐 수 있습니다.

문제 1

원격 근무나 디지털 전환(DX)을 추진하는 일을 담당해 학습 앱으로 새로운 지식을 얻고 싶어 하는 중소기업 인사부의 중견 사원을 페르소나로 설정한 사례입니다.

페르소나 시트 (작성 예시)

(1) 페르소나의 이름과 이미지	(2) 페르소나의 프로필
• 이름 : 이 유 미	• 성별 : 여성 • 나이 : 32세 • 직업 : ○○판매(주) 인사부 주임 대학 졸업 후 입사해 10년 차. 인사 업무에는 익숙하지만 2020년은 코로나19 확산 방지 대책으로 지금까지와 다른 방식의 대응과 업무가 늘었다.
(3) 페르소나의 행동/특징	(4) 페르소나의 니즈와 불만
• 특징이나 자주 하는 행동 채용과 교육 업무에 보람을 느낀다. 여행을 좋아하고, 술집에서 동료들과 각 지역의 술을 마시는 것을 좋아한다. 코로나19 확산 방지 대책으로 회사에서 원격 근무를 도입해, 새로운 인사 제도와 업무 툴, 커뮤니케이션 기술을 공부해야겠다는 필요성을 느끼고 있다.	• 니즈(목표) 일과 생활의 균형을 유지하면서 새로운 것을 배우고 싶다. • 불만 학습 앱은 편리하지만 정말 도움이 되는지 잘 모르겠다.

▶ 그림 1 문제 1의 페르소나 시트 작성 예시

문제 2

학습 앱을 사용하려고 할 때의 고객 여정 지도 작성 예시입니다.

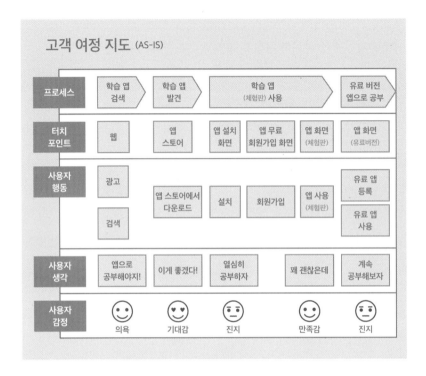

▶ 그림 2 문제 2의 고객 여정 지도 작성 예시

사용자의 니즈를 충족하고 도움을 줄 수 있는지 등 궁금한 사항을 해결하는 방법을 생각해 봅시다.

화면 이미지를 손으로 그려 보거나 컴퓨터를 사용해 그려 보는 방법도 좋습니다.

재난지원금과 마이넘버포인트, 신청 시스템 사용에 혼란 속출

요즘은 디지털 정부 추진에 발맞춰 행정 서비스의 전자 신청이 가능해졌다. 하지만 아직 넘어야 할 산이 많아 보인다.

어려운 시스템과 설명이 혼란만 낳는다

2020년 봄, 일본은 코로나 사태로 침체된 경기를 회복시키기 위한 대책으로 1인당 10만 엔의 재난지원금을 지급하기로 내각 회의에서 결정했다. 지자체의 전자 신청 시스템을 통해 신청할 수 있었지만, '시스템이고 설명이고, 하나도 모르겠다'는 불만이 쏟아졌다. 또한 잘못 신청하는 사람이 많아 지자체 직원이 하나하나 다시 확인한다는 보도도 있었다.

재난지원금 신청에 필요한 것은?

그림 1은 '재난지원금(특별정액급부금) 신청 홈페이지'에서 '신청 방법(온라인)'을 선택하면 표시되는 화면이다. 온라인 신청을 하려면 '마이넘버카드(한국의 주민등록증에 해당)'가 필요하다. 따라서 마이넘버카드가 없는 사람은 화면을 보고 '마이넘버카드 신청은 여기'라는 링크를 클릭해 별도로 신청해야 한다.

하지만 화면에 ※ 표시로 적혀 있는 보충 설명을 읽어 보면 신청 후 발급까지 한 달 이상 소요되고, 신청자가 많으면 그 이상 걸릴 수도 있다고 적혀 있다. 이대로라면 사용자는 언제 급부금을 받을 수 있을지 몰라 불안할 수밖에 없다.

또한 마이넘버카드를 가지고 있다고 해도 다음으로 '② 마이넘버카드 인식 가능 스마트폰(또는 PC+IC카드 리더기)'이 필요하다. 컴퓨터로 신청하려면 'IC카드 리더기'가 필요하다는 사실을 여기서 처음 알 수 있다. 참고로

IC카드 리더기는 일반 컴퓨터에 장착된 기본 장비가 아니다.

이러니 문의 전화가 빗발쳐도 이상하지 않다. 사용자가 어떤 상황인지, 어떤 식으로 시스템을 이해하고 신청하는지, 사용자 관점에서 검토하지 않았다고 생각할 수밖에 없다.

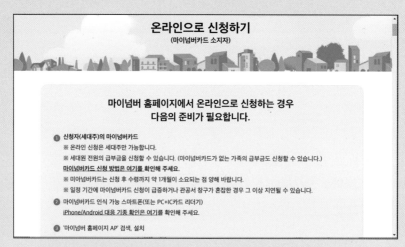

출처: 일본 총무성 '특별정액급부금' 홈페이지 https://kyufukin.soumu.go.jp/

▶ 그림 1 재난지원금 설명

마이넘버포인트? 틀리지는 않았지만 이해하기 어려운 설명

정부의 웹사이트 중에 또 하나 이해하기 어려운 설명문의 사례를 살펴보자. 그림 2는 마이넘버포인트 홈페이지에 있는 설명이다.

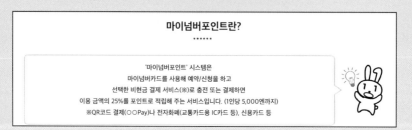

출처: 일본 총무성 '마이넘버포인트' 홈페이지 https://mynumbercard.point.soumu.go.jp/about/

▶ 그림 2 마이넘버포인트 설명

마이넘버포인트는 마이넘버카드의 보급과 소비 활성화를 위해 정부가 추진하는 사업이다. 2020년 7월 1일부터 마이넘버포인트 이용이 시작됐지만, 2020년 9월 관점에서 확산 추세는 더딘 편이다. UX 라이팅 관점에서 보니 마이넘버포인트에 대한 설명이 이해하기 어려운 이유가 보였다.

- 한 문장이 길고 여러 가지 내용이 담겨 있다.
- 사전에 예약/신청을 해야 하는 점과 비현금 결제로 이용하면 포인트가 적립된다는 점, 두 가지 다른 내용이 한 문장에 담겨 있다.
- 보충 설명을 ※로 표시한 부분과 괄호( )로 묶은 부분이 혼재해 통일성이 없고 간결하지 않다.

이해하기 어려우니 '바로 써 봐야지', '신청하자'라고 생각하기 어렵고, 결국 사용자를 행동하게 하지 못한다.

사용자 중심, 시민 중심의 전자 행정 시스템

온라인 신청이 가능해지면 행정 절차가 빨라질 테니 서비스 품질 향상도 기대할 수 있다. 하지만 앞서 언급한 바와 같이 실제로는 아직 '제도 중심', '기능 중심'으로 개발된 시스템이 많은 듯하다.

코로나19 확산 방지 대책으로 인하여 국가적으로 디지털 전환DX이 일어나고 있다. 시스템 자체의 사용 편의성은 기본이고, 알기 쉬운 설명문을 함께 제공하는 일이 앞으로 점점 중요해질 것이다.

생각해 보면 Google, Amazon, Facebook, Apple 같은 기업들도 사용자의 편의성, 제품과 서비스에 대한 쉬운 설명, 빠른 기술 진화 속도를 무기로 성장했다.

전 세계를 사로잡은 이런 서비스를 본받아 정부와 행정기관, 민간 기업에서 일하는 사람들이 알기 쉽게 전달하는 기술을 익혀 변화하는 시스템에 기민하게 대처하길 바란다.

제4장

알기 쉬운 글쓰기 포인트, UX 스타일 가이드

무조건 짧고 간결하게

한 문장에 한 정보만 담는다

일본에는 '**한 문장에 한 가지 정보만 담는다**'는 뜻의 일문일의(一文一義)라는 말이 있다. 글쓰기 관련 책이라면 대부분 '일문일의' 문장을 장려한다.

'일문일의'가 이해하기 쉬운 이유

'**일문일의'에 맞춰 글을 쓰면 읽는 사람은 한 문장에서 한 가지 정보만 읽어 내면 된다.** 정보가 한 가지이니 이해하기도 쉽다. 완벽히 이해한 뒤에 다음 문장으로 넘어갈 수 있어 일문일의로 쓴 글은 알기 쉽다.

정보가 넘쳐나는 문장은 NO!

예문 4.1.1과 예문 4.1.2는 인터넷 렌탈 서비스 사이트에 회원 가입을 했을 때 나타나는 메시지다. 이 예문으로 작성자가 전달하고 싶은 정보는 다음과 같다.

> ① 가입 절차 완료 시 등록한 메일 주소가 화면 우측 상단에 표시된다.
> ② 등록한 메일 주소로 초대 메일이 자동 발송된다.
> ③ 초대 메일을 수신하지 못한 경우 확인이 필요하다.
> ④ 확인 사항 1: 스팸 메일함
> ⑤ 확인 사항 2: 화면 우측 상단에 표시된 메일 주소

예문 4.1.1은 ①~⑤에 해당하는 정보를 한 문장에 담고 있어 문장이 길어

졌다. 한 문장에 새로운 정보가 계속 이어져 나오면 한 번 읽고 내용을 이해하기가 어렵다.

예문 4.1.2는 **작성자가 전달하고 싶은 ①~⑤까지의 정보를 각각 하나의 문장으로 설명**했다. 특히 확인할 사항이 두 가지라는 사실을 확실하게 알리기 위해 항목으로 나누어 작성했다.

가입 절차를 마치면 등록한 메일 주소가 화면 우측 상단에 표시되고, 해당 메일 주소로 초대 메일이 자동 발송되니 만약 초대 메일을 수신하지 못한 경우, 스팸 메일함을 확인하거나 화면 우측 상단에 표시된 메일 주소가 올바른지 확인하시기 바랍니다.

BEFORE

▶ 예문 4.1.1 한 문장에 정보가 넘쳐난다.

가입 절차를 마치면 등록한 메일 주소가 화면 우측 상단에 표시됩니다. 해당 메일 주소로 초대 메일이 자동 발송됩니다. 만약 초대 메일을 수신하지 못한 경우 아래 두 가지 사항을 확인하시기 바랍니다.

• 스팸 메일함을 확인해 주세요.
• 화면 우측 상단에 표시된 메일 주소가 올바른지 확인해 주세요.

AFTER

▶ 예문 4.1.2 한 문장에 한 가지 정보로 수정

• 전달하고 싶은 정보를 항목으로 나누어 정리한다.
• 한 항목에 한 가지 정보만 적는다.
• 설명 순서를 고려하여 항목의 순서를 조정한다.
• 소리 내서 읽으며 순서가 알기 쉬운지 확인한다.
• 한 항목은 한 문장으로 쓴다.
• 필요하다면 적절한 접속사를 넣어 문장 간 관계를 알기 쉽게 한다.
• 한 문장이 50자 이상이면 여러 정보가 들어 있지 않은지 확인한다.

▶ 그림 4.1.1 '일문일의' 문장을 쓰는 요령

긴 수식어구는 별도의 문장으로 만든다

문장 속에 수식어구를 넣으면 읽는 사람에게 더 자세한 정보를 전달할 수 있다. 예를 들어 '신제품이 발매된다'라는 문장은 주어와 서술어만으로 구성된 단순한 구조다. 이 문장을 'A사의 신제품이 7월에 발매된다'로 수정해 보자. 수식어구 'A사의'와 '7월에'를 추가하면 '어느 회사'의 신제품이 '언제' 발매되는지를 알 수 있다.

수식어구 길이에 주의!

다만 **수식어구 길이에 주의**해야 한다. 긴 수식어구를 넣으면 문장이 길어질 뿐만 아니라 문장의 구조도 복잡해진다.

예문 4.1.3을 읽어 보자. 이 문장은 '플래티넘 포인트'라는 포인트 제도에 관한 설명인데, 제일 중요한 '플래티넘 포인트'가 한참 뒤에나 등장한다.

예문 4.1.3의 문장 구조를 그림 4.1.2와 같이 그려 보았다. 문장 도입부에 '6개월간 연속으로 옵션 서비스를 이용하면 자동으로 충전되는'이라는 긴 수식어구가 주어 '플래티넘 포인트'를 수식하고 있다. 긴 수식어구가 있어 문장 구조가 복잡해지고, 그 결과 내용은 이해하기 어려워졌다.

> 6개월간 연속으로 옵션 서비스를 이용하면 자동으로 충전되는 플래티넘 포인트는 일반 포인트와 똑같이 서비스 사용 요금으로 이용할 수 있습니다.

BEFORE

▶ 예문 4.1.3 **긴 수식어구가 포함된 문장**

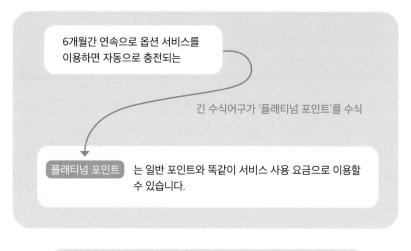

6개월간 연속으로 옵션 서비스를
이용하면 자동으로 충전되는

긴 수식어구가 '플래티넘 포인트'를 수식

플래티넘 포인트 는 일반 포인트와 똑같이 서비스 사용 요금으로 이용할
수 있습니다.

▶ 그림 4.1.2 **Before 문장의 구조**

그렇다면 긴 수식어구는 어디에?

긴 수식어구는 문장 밖으로 빼서 별도의 문장으로 만든다. 예문 4.1.4는 긴
수식어구를 독립시켜 '6개월간 연속으로 옵션 서비스를 이용하면 플래티
넘 포인트가 자동으로 충전됩니다'라는 한 문장으로 만들었다.

이렇게 긴 수식어구를 문장 밖으로 빼내 별도의 문장으로 만들면 한 문장
에 한 가지 정보만 담은 '일문일의(一文一義)' 문장이 된다.

6개월간 연속으로 옵션 서비스를 이용하면 플래티넘 포인트가 자동으로
충전됩니다. 플래티넘 포인트는 일반 포인트와 똑같이 서비스 사용 요금으
로 이용할 수 있습니다.

AFTER

▶ 예문 4.1.4 **긴 수식어구를 별도의 문장으로 만든다.**

대화를 나누듯이 쓴다

읽고 싶지 않은 글이란?

세상에는 읽는 사람을 전혀 고려하지 않은 글이 존재한다. 어째서 그런 글이 존재할까? '글로 대화한다'는 인식이 없기 때문이다.

예문 4.2.1은 기업에서 발송하는 메일에 관한 유의 사항을 적은 글이다. 컴퓨터 전문가가 아니라 일반 사용자를 대상으로 쓴 글이다. 하지만 **일반 사용자를 대상으로 한 글치고는 컴퓨터 분야 특유의 표현이 많이 쓰였다.** 우선 '메일 발송'이라는 표현이 그렇다. 보통은 '친구에게 메일을 보냈다', '어머니가 메일을 보내셨다'라고 말한다. 또한 **비즈니스 문서 특유의 딱딱한 표현**도 보인다. '사유', '지연'이라는 표현은 평소에 비즈니스 문서를 자주 접하지 않은 사람에게는 읽고 싶은 마음이 사라지게 만드는 표현이다.

> • 메일 발송이 심야에 이루어지는 경우가 있습니다.
> • 시스템 장애 등 불가피한 사유로 메일 발송이 일시적으로 중지되거나 지연되는 경우가 있습니다.
>
> **BEFORE**

▶ 예문 4.2.1 **표현이 딱딱한 기업 메일**

> • 심야에 메일이 오는 경우가 있습니다.
> • 시스템 장애같이 어쩔 수 없는 일이 생기면 한동안 메일이 오지 않거나 늦게 올 수 있습니다.
>
> **AFTER**

▶ 예문 4.2.2 **일상 회화에서 사용하는 표현으로 수정한 메일**

상상 속 상대와 대화한다

메일 발송에 관한 유의사항을 고쳐 쓰려면 우선 읽는 사람이 눈앞에 있다고 상상해야 한다. 그리고 그 사람과 대화한다는 생각으로 써 보자.

그렇게 작성한 글이 예문 4.2.2다. '메일 발송'이라는 표현은 일상 회화에서 사용하는 '메일이 오는'이라는 표현으로 고쳤다. '지연'이란 한자 표현도 일상 회화에서 쓰는 '늦다'라는 표현으로 고쳐 썼다. 한자 표현을 한글 표현으로 풀어쓰면 분위기가 훨씬 부드러워진다.

'사유'는 '이유'로 바꿔 쓸 수도 있지만 '시스템 장애 등 불가피한 이유로'라는 표현도 딱딱하기는 마찬가지다. 눈앞에 사람이 있었다면 "시스템 장애같이 어쩔 수 없는 일이 생기면"이라고 말하지 않았을까?

대화하듯이 글을 쓸 때 페르소나 기법(3.3 참고)**이 도움이 된다.** 화면에 글자를 친다고 생각하지 말고 페르소나 시트에 있는 캐릭터와 대화한다고 생각해 보자. 페르소나에게 맞는 표현을 찾을 수 있을 것이다.

▶ 그림 4.2.1 읽는 사람을 구체적으로 상상해 대화하듯이 작성한다.

사용자 관점의
언어를 선택한다

일상 감각에 맞는 표현을 사용한sks다

전자 제품의 취급 설명서는 고객이 혼란스럽지 않도록 일반적으로 언어와 표현을 통일한다. 하지만 억지로 통일하다 보면 더 어색한 글이 될 때가 있다.

예문 4.3.1은 렌탈 서비스 사이트에서 상품을 예약하는 절차를 설명하는 부분이다. 여기서는 모든 절차를 '~을 지정해서 ~버튼을 눌러 주세요'라는 표현으로 통일했다. 글자만 보면 깔끔하게 정리된 느낌이 든다.

하지만 대여일을 달력에서 선택할 때 '날짜를 지정한다'라는 표현을 쓰면 '사무적'이라는 느낌이 든다. 또한 이름과 연락처를 입력창에 입력할 때도 '지정한다'라는 표현은 어딘지 어색하다.

예문 4.3.2는 **사용자가 실제로 하는 행동이나 일상 감각에 맞춰서** 표현을 바꿨다. '달력에서 날짜를 지정해서'는 '원하는 날짜를 선택하고'로 바꾸고 '이름과 전화번호를 지정하고'는 '이름과 전화번호를 입력하고'로 바꿨다. 사용자에게는 이 문장이 훨씬 친근하다.

평소 사용하는 표현이 업계 용어였다?

컴퓨터 등의 취급 설명서를 보면 '설정을 택한다', '인쇄를 실행한다'라는 표현을 자주 볼 수 있다. 하지만 일반적인 글에서는 '설정한다', '인쇄한다'라고 표현한다. '설정을 택한다', '인쇄를 실행한다'라는 표현은 사실 컴퓨터 업계에서 쓰는 특유의 표현이다.

여러분이 회사에서 평소에 사용하는 표현도 어쩌면 업계 용어일지도 모른 다. 사용자를 위한 글을 쓸 때는 다시 한 번 표현을 다듬어 보자.

① 검색 조건을 지정하고 '검색' 버튼을 눌러 주세요. 조건에 맞는 상품이 표시됩니다.
② 달력에서 날짜를 지정하고 'OK' 버튼을 눌러 주세요.
③ 이름과 전화번호를 지정하고 'OK' 버튼을 눌러 주세요.

BEFORE

▶ 예문 4.3.1 '~을 지정하고 ~버튼을 눌러 주세요'로 통일

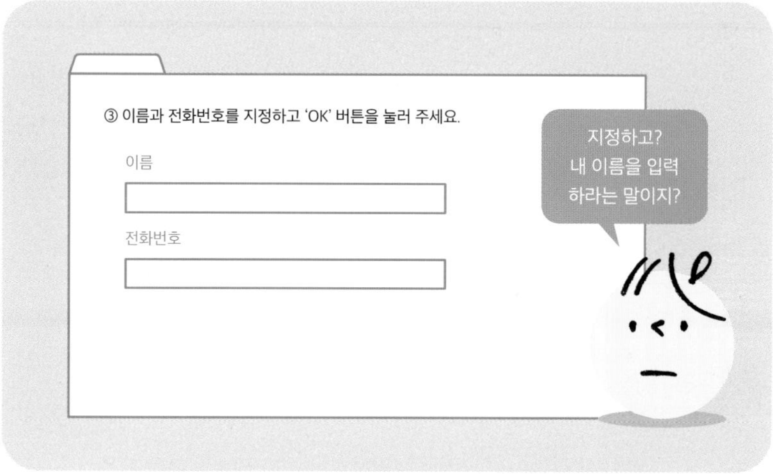

③ 이름과 전화번호를 지정하고 'OK' 버튼을 눌러 주세요.

이름

전화번호

지정하고? 내 이름을 입력 하라는 말이지?

▶ 그림 4.3.1 예문 4.3.1은 사용자가 보기에 어색하다.

① 검색 조건을 입력하고 '검색' 버튼을 눌러 주세요. 조건에 맞는 상품이 표시됩니다.
② 원하는 날짜를 선택하고 'OK' 버튼을 눌러 주세요.
③ 이름과 전화번호를 입력하고 'OK' 버튼을 눌러 주세요.

AFTER

▶ 예문 4.3.2 실제 하는 행동에 맞춰 표현을 변경

사용자가 무엇을 할 수 있는지 보여 준다

예문 4.3.3은 렌탈 서비스 가입 방법을 설명하고 있다. 그런데 법인용 설명과 개인용 설명의 필요 사항이 다른데도 문장의 형태와 어휘가 같다. 법인용이라면 이 정도 딱딱한 표현은 괜찮겠지만, 개인용으로는 약간 지나칠 수 있다.

예문 4.3.4는 과감하게 문장의 형태를 바꿔 보았다. '렌탈 서비스를 바로 이용하실 수 있습니다'라는 표현으로 **사용자가 무엇을 할 수 있는지를 맨 앞에 적었다.**

개인용 설명은 사용자의 나이대에 맞춰 가벼운 표현을 사용해도 괜찮다. **사용자에게 맞는 표현**을 생각해 보자.

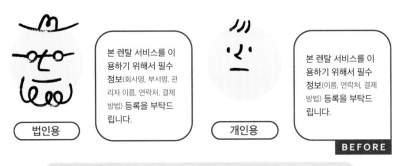

▶ 예문 4.3.3 법인용과 개인용 글에 사용한 문장 형태와 어휘가 같다.

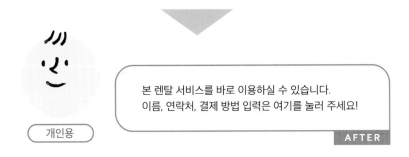

▶ 예문 4.3.4 개인 사용자에게 다가간 표현으로 수정

사용자에게 좋은 점이 무엇인지 적는다

예문 4.3.5는 렌탈 서비스 등급 중 하나인 '골드 스테이지'에 관한 설명이다. 간결하고 알기 쉬운 설명이지만, '골드 스테이지는~'이라는 설명 구조로 되어 있어 단순한 용어 설명문이 되어 버렸다.

예문 4.3.6은 **사용자 관점에서 사용자가 무엇을 할 수 있는지**를 적었다. 사용자 관점인지 아닌지를 보려면 문장에 주체(누가/누구는/누구의)를 붙여 보면 알 수 있다. 사용자와 대화하는 것처럼 문장에 '**회원님**'이라는 단어를 붙여 보자.

> **회원님**의 이용 포인트가 5,000포인트에 도달하면 **회원님**은 골드 스테이지로 등급이 올라갑니다.

수정 전과 달리 '회원(사용자)'의 관점에서 작성했다는 사실을 알 수 있다.

> 골드 스테이지는 이용 포인트가 5,000포인트 이상인 상태입니다.
>
> **BEFORE**

▶ 예문 4.3.5 설명은 정확하지만, 단순히 용어 설명일 뿐이다.

> 이용 포인트가 5,000포인트 이상이면 골드 스테이지로 등급이 올라갑니다.
>
> **AFTER**

▶ 예문 4.3.6 사용자가 얻는 장점을 적는다.

친절도 강도 조절이 필요하다

지나친 친절은 오히려 부담

사용자에게는 당연히 친절해야 하지만 그 정도가 지나치면 상대를 짜증나게 하기도 한다.

예문 4.4.1은 ID를 잊어버렸을 때 대처 방법을 설명하고 있다. 인터넷상의 여러 서비스에 가입은 했는데 막상 로그인하려고 하면 ID와 패스워드가 기억나지 않는 일이 종종 있다. 그럴 때를 대비해 보통은 대처 방법을 설명해 둔 페이지가 준비되어 있다. 예문 4.4.1은 상대가 사용자임을 고려해 다음과 같이 정중한 표현을 사용했다.

- 선택하여 주시기 바랍니다
- 입력해 주시고
- 보내 드린
- 확인해 주시면
- 등록해 주셨던
- 기억나지 않으신다면
- 찾아봐 주시기를 바랍니다

한 문장에 이런 표현이 여러 번 등장하면 글자 수도 늘어나고 답답한 느낌을 준다.

지금 사용자에게 필요한 것은?

ID가 생각나지 않아 당황스러울 때 사용자에게 필요한 것은 정중한 표현이 아니라 바로 알 수 있는 대처 방법이다.

예문 4.4.2는 **지나치게 정중한 표현을 없애고 대처 방법을 간결하게 작성했다.** '찾아봐 주시기를 바랍니다' 대신 '찾아보세요'라는 일반적인 표현을 써도 특별히 불친절한 느낌은 들지 않는다.

① ID 알림 수신처로 등록해 주셨던 메일 주소를 입력해 주시고 '발송'을 선택하여 주시기 바랍니다.
만약 등록해 주셨던 메일 주소가 기억나지 않으신다면 계정을 등록해 주셨을 때 보내 드린 '발행 완료 메일'을 찾아봐 주시기를 바랍니다. '발행 완료 메일'은 ID 알림 수신처로 등록해 주셨던 메일 주소로 보내 드리고 있습니다.
② ID 알림 수신처로 등록해 주셨던 메일 주소로 '○○ 서비스 ID 알림'이라는 제목의 메일을 발송해 드리고 있습니다. ID는 메일 본문에 기재하였으니 확인해 주시면 감사하겠습니다.

BEFORE

아…
답답해.

▶ 예문 4.4.1 정중한 표현도 좋지만…

① ID 알림 수신처로 등록하신 메일 주소를 입력하고 '발송' 버튼을 클릭해 주세요.
등록한 메일 주소를 잊으셨다면 계정 등록 시에 받은 '발행 완료 메일'을 찾아 보세요. '발행 완료 메일'은 ID 알림 수신처로 등록한 메일 주소로 보내고 있습니다.
② ID 알림 수신처로 등록한 메일 주소로 '○○ 서비스 ID 알림'이라는 제목의 메일이 도착합니다. ID는 메일 본문에 적혀 있습니다.

AFTER

▶ 예문 4.4.2 지나치게 정중한 표현을 없애고 대처 방법을 간결하게

상대에 따라서 정중함의 강도를 결정한다

어느 정도로 정중하게 써야 하는지는 읽는 사람에 따라 다르다. 글을 쓰기 전에 상대가 누구인지부터 정리해 보자.

상대는 크게 나누어 사용자, 사외 관계자, 사내 관계자로 나눌 수 있다.

사용자는 다시 특정 사용자와 불특정 다수의 사용자, 잠재적 예비 사용자로 나눌 수 있다.

사외 관계자에는 업무를 의뢰한 회사의 직원이나 같은 프로젝트를 함께 담당하는 파트너 회사의 직원이 있다. 업무에 따라 감독관청이나 지자체 관계자가 포함될 수도 있다.

사내 관계자도 같은 부서와 다른 부서, 인사부나 경리부와 같은 관리 부문, 결정권을 가진 경영진 등으로 나눌 수 있다. 또한 상사, 동료, 부하로 나누는 방법도 있다.

상대와의 친밀도와 상황을 고려한다

상대와의 친밀도에 따라서도 정중함의 강도가 달라진다. 상대와의 친밀도는 만나 온 기간이나 관계로 판단할 수 있다. 처음 만나는 사용자와 오랜 기간 함께해 속마음까지 훤히 아는 사용자를 대하는 정중함에는 차이가 있을 수밖에 없다.

또한 같은 상대라도 상황이 다르면 정중함의 강도도 달라져야 한다. 그림 4.4.2의 체크 리스트를 사용해 **상대의 상황을 긴급성, 곤란한 정도, 감정으로 나누어 정리**해 보자.

어느 정도로 정중하게 표현해야 하는지 고민이 된다면 **강도를 달리해서 두 버전의 글을 써 보는 방법**도 있다. 예를 들면 높임말로 정중하게 쓴 버전과 간결하게 쓴 버전을 준비해 비교해 본다. 이때 동료에게 보여 주고 의견을 들어 보는 것도 좋은 방법이다.

사용자   사외 관계자   사내 관계자

▶ 그림 4.4.1 읽는 사람은 누구?

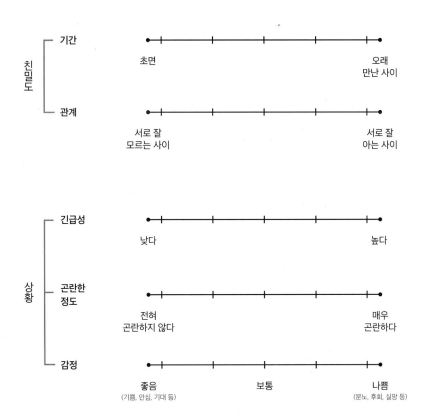

▶ 그림 4.4.2 상대와의 친밀도와 상황을 확인

힌트를 제공한다

뭘 입력해야 할까?

인터넷 서비스를 이용하려면 입력창에 다양한 정보를 입력해야 할 때가 있다. 이때 무슨 정보를 어떻게 입력해야 하는지 고민한 적이 있을 것이다. 그림 4.5.1처럼 '구글 계정으로 로그인'이라고 표시되어 있어도 '구글 계정'이 무엇을 말하는지 모르면 입력할 수 없다. 하지만 그림 4.5.2와 같이 **입력창에 '******@gmail.com'이라는 표시가 있으면 'Gmail 주소를 입력하면 되는구나'라고 바로 알 수 있다.**

인증 코드도 마찬가지다. 인증 코드와 패스워드는 서비스마다 사용하는 문자 종류(영문, 숫자, 기호)와 문자 수가 다르다. 여러 서비스에 가입한 사람은 뭐가 뭔지 헷갈릴 때가 많다. 그럴 때 그림 4.5.2처럼 (6자리 숫자)라는 표시가 있으면 참고가 된다.

직관적으로 알 수 있는 힌트

전화번호나 우편번호는 '하이픈(-)을 입력해야 하는 사이트'와 '하이픈(-)을 입력할 필요가 없는 사이트'가 있다. 잘못 입력해서 다시 입력하는 일은 이제 자연스러울 정도다.

그림 4.5.2는 휴대전화 번호 입력창에 '***-****-****'라는 표시를 넣었다. 이 표시를 보면 **직관적으로 하이픈을 입력해야 한다는 사실을 알 수 있다.**

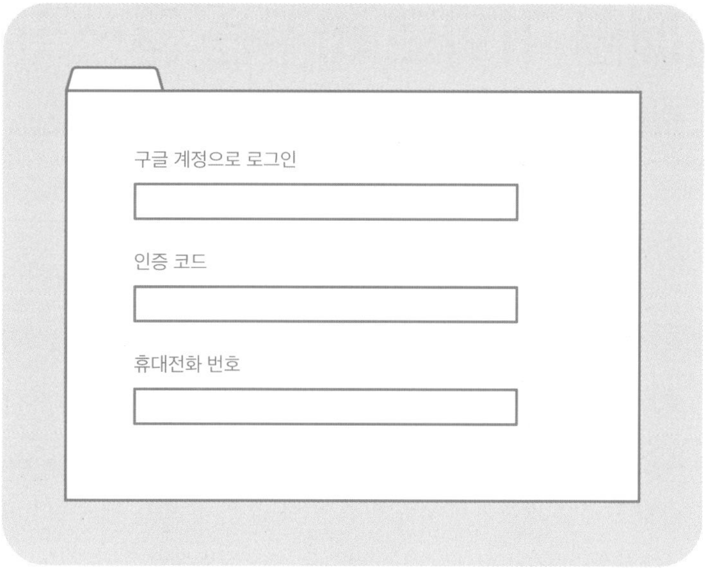

▶ 그림 4.5.1 **무엇을, 어떻게 입력해야 하는지 알기 어려운 입력창**

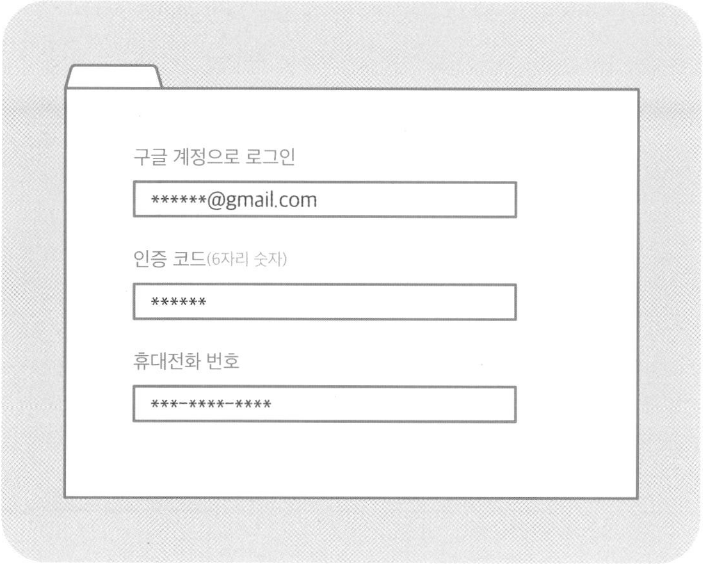

구글 계정으로 로그인

```
******@gmail.com
```

인증 코드(6자리 숫자)

```
******
```

휴대전화 번호

```
***-****-****
```

▶ 그림 4.5.2 **입력창에 작성 예시를 표시**

실패를 기회로 바꾸는 글쓰기

대처 방법을 알려 준다

조작 실수는 누구나 한다. 바로 고칠 수 있는 작은 실수도 있지만 어떻게 하면 좋을지 몰라 당황하고 머릿속이 까매지는 실수도 있다. 그럴 때 어떤 메시지가 뜨면 좋을까?

예문 4.6.1은 용량 제한으로 파일을 보낼 수 없을 때 뜨는 메시지다. 에러 내용만 나와 있어서 사용자는 대처 방법을 스스로 찾아야 한다.

예문 4.6.2는 **파일 압축과 클라우드 서비스라는 대처 방법까지 적혀 있다.** 조작 순서까지 적으면 길이가 길어지므로 자세한 내용은 다른 페이지를 참고할 수 있도록 했다.

파일 용량 초과: 첨부 가능한 파일 용량은 20MB 이내입니다.

BEFORE

▶ 예문 4.6.1 에러 내용만 알려 주면 대처 방법을 알 수 없다.

첨부할 수 있는 파일 용량은 20MB 이내입니다. 다음의 방법을 시도해 보세요.
• Zip 형식으로 압축! 파일 용량을 줄일 수 있습니다. 압축 방법은 여기를 확인하세요.
• 당사의 클라우드 서비스: 50GB까지 무료로 이용 가능합니다. 이용 방법은 여기를 확인하세요.

AFTER

▶ 예문 4.6.2 대처 방법을 알려 주고 자세한 방법은 링크로 안내한다.

사용자를 안심시켜라

예문 4.6.3은 패스워드 입력 오류로 이용이 정지되었다는 메시지다. 메시지에 적혀 있는 내용에 잘못된 사실은 없지만, 맞다고 생각한 패스워드를 입력했는데 갑자기 '비정상적 접속 시도가 감지되었습니다'라며 이용이 정지된다면 사용자는 당연히 놀라고 불안해할 수도 있다.

예문 4.6.4는 **사용자를 안심시키고 적절한 조작을 할 수 있도록 원인, 상황, 대처 방법을 알려 주고 있다.** 우선 이용이 정지된 원인이 '잘못된 패스워드를 4회 연속 입력'했기 때문임을 알려 준다. 또한 이용 정지는 '비정상적 접속을 막기' 위한 조치이며, 사용자의 데이터를 지키기 위해서라는 점을 전한다. 사용자가 가장 걱정할 거래 내용에 관해서는 '그대로 유지된다'는 사실을 전하고 어떻게 하면 다시 이용을 할 수 있는지도 알려 준다. **원인을 알았으니 같은 실수를 반복할 일도 없을 것이다.**

패스워드 입력 오류보다 더 심각한 실수, 예를 들어 컴퓨터 바이러스로 의심되는 메일을 열었거나 피싱 사이트에 접속했다면 사용자는 공황 상태에 빠질 수도 있다. 이런 상황에서는 '~와 같은 상황이라면 아직 괜찮습니다', '당황하지 말고 다음 지시를 따라 주세요'와 같이 사용자의 마음을 진정시키는 메시지도 효과적이다.

비정상적인 접속 시도가 감지되어 계정 이용이 정지되었습니다. 재이용을
원하시면 고객 상담 센터 0120-XXX-XXX로 연락 바랍니다.

BEFORE

▶ 예문 4.6.3 패스워드를 입력했는데 이용 정지!

잘못된 패스워드를 4회 연속 입력했습니다. 비정상적인 접속을 막기 위해
계정 이용이 일시적으로 정지되지만, 고객님의 거래 내용은 그대로 유지됩
니다. 고객 상담 센터 0120-XXX -XXX로 연락하시면 다시 이용할 수 있습
니다.

AFTER

▶ 예문 4.6.4 원인, 상황, 대처 방법을 친절하게 설명

전문 용어 사용은 적당히!

사용자는 모르는 전문 용어

새로운 서비스와 기술이 계속해서 생겨나면서 우리가 평소에 보는 글에도 전문 용어가 들어가는 일이 많아졌다. 하지만 그 분야의 전문적인 지식이 없다면 전문 용어에 걸려 내용을 이해하기가 힘들다.

예문 4.7.1, 예문 4.7.2, 예문 4.7.3은 사용자용으로 작성된 설명이다. 인터넷을 통해 계약서같이 중요한 데이터를 주고받을 때 사용자가 안심할 수 있도록 데이터의 안전성을 확보했다는 점을 설명하려고 한다.

하지만 예문 4.7.1은 '트러스트 서비스', '타임스탬프', '전자 서명'과 같은 전문 용어 때문에 일반 사용자는 이해하기 어렵다. 그래서 예문 4.7.2에서는 '타임스탬프' 시스템을 좀 더 자세하게 설명했다. 하지만 여기서는 '원본 데이터', '해시값', '아카이브' 같은 전문 용어가 등장해 더 어려워졌다.

> 인터넷상에서 중요한 데이터를 주고받으려면 트러스트 서비스가 필수입니다. 당사는 트러스트 서비스로서 타임스탬프와 전자 서명을 도입했습니다.
>
> **BEFORE**

▶ 예문 4.7.1 전문 용어가 많아 일반인은 이해하기 어렵다.

> 본 사이트는 타임스탬프를 도입했습니다. 타임스탬프는 사용자가 센터로 보낸 원본 데이터의 해시값에 정확한 시간을 부여해 사용자에게 타임스탬프를 발행하는 동시에 센터에서도 해당 데이터와 타임스탬프를 아카이브합니다.
>
> **BEFORE**

▶ 예문 4.7.2 전문 용어를 전문 용어로 설명한다.

전문 용어를 일반적 표현으로 바꾼다

예문 4.7.3은 **전문 용어를 일반적인 표현으로 바꿨다.** '트러스트 서비스'는
'데이터 안정성을 확보하는 시스템'으로 바꿨다. 마찬가지로 '타임스탬프'
와 '전자 서명'도 일반적인 표현으로 바꿨다. 이와 같은 일반적 표현이라
면 전문 지식이 없는 사람도 이해할 수 있다.

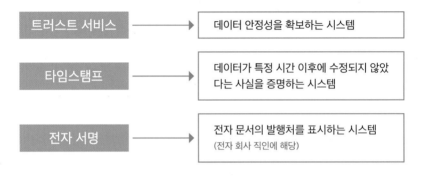

▶ 그림 4.7.1 전문 용어를 일반적 표현으로 바꾼다.

인터넷에서 중요한 데이터를 주고받으려면 데이터의 안전성을 확보하는
시스템이 필요합니다.
당사는 데이터의 안정성을 확보하기 위해 다음과 같은 시스템을 도입했습
니다.
· 데이터가 특정 시간 이후에 수정되지 않았다는 사실을 증명하는 시스템
· 전자 문서의 발행처를 표시하는 시스템 (전자 회사 직인에 해당)

AFTER

▶ 예문 4.7.3 전문 용어를 일반적인 언어로 바꾼 표현

전문 용어를 명확하게 정의한다

예문 4.7.3은 '트러스트 서비스'를 '데이터의 안전성을 확보하는 시스템'으로 바꿨다. 이 경우 트러스트 서비스를 설명할 때마다 '데이터의 안정성을 확보하는 시스템'이라고 써야 한다. 또한 '데이터의 안정성을 확보하는 시스템'이라는 말이 계속 나오면 문장이 길어지고 장황해 보일 수 있다.

따라서 여러 번 등장하는 전문 용어는 **처음에 명확하게 정의를 내려 상대가 이해하고 넘어갈 수 있도록** 해야 한다. 예문 4.7.4는 '트러스트 서비스란~'이라는 문장을 넣어 정의를 내렸다.

> 인터넷에서 중요한 데이터를 안전하게 주고받으려면 트러스트 서비스가 필요합니다. 트러스트 서비스란 데이터의 안전을 확보하는 시스템입니다. 당사는 트러스트 서비스로 다음의 시스템을 도입했습니다.
> - 타임스탬프: 데이터가 특정 시간 이후에 수정되지 않았다는 사실을 증명하는 시스템
> - 전자 서명: 전자 문서의 발행처를 표시하는 시스템 (전자 회사 직인에 해당)

AFTER

▶ 예문 4.7.4 **전문 용어를 명확하게 정의한다.**

비교 설명과 예시를 사용한다

전문적 내용을 설명하는 또 다른 방법으로 **'비교하며 설명하기'**와 **'예를 들어 설명하기'**가 있다.

예문 4.7.5는 '전자 서명'을 설명하려고 전자 서명 도입 전과 도입 후를 예로 제시하며 비교 설명하고 있다. 예를 보여 주면 상대는 이미지를 떠올리기 편해진다. 여기에 설명에 맞는 일러스트를 넣으면 더 효과적이다.

예를 들어 A사에서 메일로 청구서를 보내도 이것이 정말 A사에서 보낸 청구서인지 알 수 없습니다. 하지만 전자 서명 시스템을 도입하면 청구서 데이터에 A사의 전자 서명이 전자적으로 부여되므로 청구서 데이터의 발행처가 A사라는 사실을 확인할 수 있습니다.

▶ 예문 4.7.5 예를 제시해 비교하며 설명

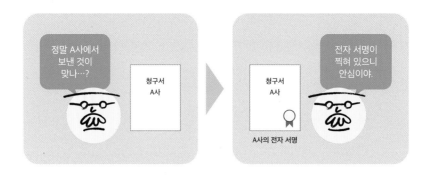

▶ 그림 4.7.2 일러스트로 이미지를 전달한다.

외래어의 의미를 설명한다

외래어가 등장하면 그 단어의 뜻을 제시하고 설명하는 방법이 있다. 예를 들어 '타임스탬프'는 'Time(시간)'과 'Stamp(도장을 찍다)'를 조합하여 만든 단어로 원래는 우편물 발송 일자를 표시하는 각인을 의미한다. 원래의 이미와 어원을 알면 더 쉽게 이해할 수 있다.

번역하기 쉬운 예문 작성법

논리 관계를 명확하게 한다

인터넷 자동 번역의 정확도는 점점 높아지고 있다. 하지만 원문에 따라서 잘못된 번역 결과가 나오기도 한다.

예를 들면 **논리 관계가 애매한 원문은 작성자의 의도와 다른 방향으로 번역되기도 한다.** 예문 4.8.1은 '시행했는데'와 같이 연결 어미로 '~는데'를 사용했다. 이 경우 '~는데'는 앞의 내용과 상반되는 내용을 이끄는 접속부사 '그런데'로 읽힐 수 있어, 이 문장을 자동 번역하면 'but'으로 번역될 가능성이 있다.

하지만 원문을 잘 읽어보면 '~는데'는 역접이 아니라 앞의 내용을 연결해주는 연결 어미로 쓰였다. 결국 'but'으로 번역되면 의미를 알 수 없는 영어 문장이 된다.

반면 예문 4.8.2의 원문은 명확한 논리 관계를 위해 문장을 두 개로 나누어 '그 결과'라는 접속 표현을 사용했다. 논리 관계가 명쾌하니 영문도 정확하게 번역된다.

고객님의 만족도 향상을 위해 설문 조사를 실행했는데 많은 고객님에게 응답을 받아 유익한 정보를 얻을 수 있었습니다.
We conducted a survey to improve customer satisfaction, but we were able to get useful information from many customers.

BEFORE

▶ 예문 4.8.1 연결 어미 '~는데'가 'but'으로 번역되었다.

고객님의 만족도 향상을 위해 설문 조사를 시행했습니다. 그 결과 많은 고객님에게 응답을 받아 유익한 정보를 얻을 수 있었습니다.
We conducted a survey to improve customer satisfaction.
As a result, we were able to get useful information from many customers.

▶ 예문 4.8.2 적절한 접속 표현, '그 결과'로 수정

의미가 중복되지 않도록 한다

또한 **여러 가지 의미로 읽힐 수 있는 표현도 정확하게 번역되지 않는다.** '이 선생님의 책들'이란 표현에는 다음과 같은 의미가 있고, 의미에 따라 번역이 달라진다.

- 이 선생님이 소유한 책 A book owned by Dr. Lee
- 이 선생님이 쓴 책 A book written by Dr. Lee
- 이 선생님에 관해서 쓴 책 A book written about Dr. Lee

따라서 원문은 한 가지 의미로만 읽힐 수 있는 표현으로 작성해야 한다.

이 선생님이 소유한 책
(A books owned by Dr. Lee)

이 선생님이 쓴 책
(A book written by Dr. Lee)

이 선생님에 관해서 쓴 책
(A book written about Dr. Lee)

▶ 그림 4.8.1 '이 선생님의 책'은 무슨 의미?

연습 문제

이해하기 쉬운 글, 읽는 사람과 내용에 맞는 글 쓰기를 연습해 봅시다.

문제 1

다음 문장에는 여러 가지 정보가 담겨 있습니다. 한 문장에 한 가지 의미
만 들어가도록 수정해 주세요.

> **(1) 시민강좌 수강료 결제 방법에 대해**
>
> 수강료 결제 방법에는 시청 담당 창구에서 매월 3만 원을
> 결제하는 월 결제 방식과 6개월분 18만 원을 신용카드로
> 결제하는 일괄 결제 방식이 있으며, 재료비와 같이 강좌별
> 로 드는 소정의 경비는 강사에게 직접 내시기 바랍니다.

답 _____

_____

_____

> **(2) 시에서 운영하는 '호스트 패밀리 모집' 공지**
>
> 우리 시에 거주하는 유학생의 1~2박 홈스테이 또는 당일
> 홈비지트를 받아 주실 호스트 패밀리 가족을 모집합니다.

답 _____

_____

_____

문제 2

다음 문장은 시가 운영하는 '어린이 cafe' 공지입니다. 대상자는 아이를 키우는 보호자입니다. 이 문장의 문제점을 ①~④ 중에서 모두 골라 주세요. (복수 응답 가능)

> 시민 센터의 카페는 육아 중인 보호자와 미취학 아동을 대상으로 보호자 간 교류와 보육 교사 및 영양사에게 육아 상담을 할 수 있는 장소로, 매월 첫째 주 수요일에 '어린이 cafe'를 열고 있습니다.

① 하나의 문장에 여러 가지 정보를 담아 문장의 길이가 길어졌다.

② '카페'와 'cafe'가 함께 쓰여 용어가 통일되지 않았다.

③ '미취학 아동'과 '~및'이라는 표현은 약간 딱딱한 느낌을 주어 '어린이 cafe'에 어울리지 않는다.

④ 대상자는 육아로 매우 힘든 상황일 텐데 긴급성이 느껴지지 않는다.

답 ＿＿＿＿＿＿＿

문제 3

육아 중인 보호자를 대상으로 문제 2의 문장을 수정해 봅시다.

답 ＿＿＿＿＿＿＿＿＿＿＿＿＿＿＿＿＿＿

＿＿＿＿＿＿＿＿＿＿＿＿＿＿＿＿＿＿＿＿

＿＿＿＿＿＿＿＿＿＿＿＿＿＿＿＿＿＿＿＿

＿＿＿＿＿＿＿＿＿＿＿＿＿＿＿＿＿＿＿＿

해답 및 해설

문제 1 - (1)

⑴ 문제의 문장에 담겨 있던 정보는 다음과 같습니다.

• 결제 방법에 '월 결제'와 '일괄 결제'가 있다.

• 월 결제 방식

• 일괄 결제 방식

• 강좌별로 발생하는 소정의 경비 지불 방법

해답 1: 정보를 각각 한 문장으로 씁니다.

수강료 결제방식에는 월 결제와 일괄 결제가 있습니다. 월 결제를 원하면 매월 3만 원을 시청 담당 창구에서 결제해 주세요. 일괄 결제는 6개월분 18만 원을 신용카드로 결제할 수 있습니다. 또한 두 결제 방식 모두 강좌별로 발생하는 소정의 경비(재료비 등)는 강사에게 직접 내시기 바랍니다.

해답 2: '월 결제'와 '일괄 결제' 정보를 각 항목으로 나누어 씁니다.

수강료 결제 방식에는 월 결제와 일괄 결제가 있습니다. 또한 재료비 등 강좌별로 발생하는 소정의 경비는 강사에게 직접 내시기 바랍니다.

• 월 결제: 매월 3만 원을 시청 담당 창구에서 결제
• 일괄 결제: 6개월분 18만 원을 신용카드로 결제

해답 3: 소정의 경비에 관해서는 마지막에 추가해도 괜찮습니다.

> 수강료 결제 방식에는 월 결제와 일괄 결제가 있습니다.
> * 월 결제: 매월 3만 원을 시청 담당 창구에서 결제
> * 일괄 결제: 6개월분 18만 원을 신용카드로 결제
> 또한 강좌에 따라서 재료비 등 소정의 경비가 발생할 수 있습니다. 경비는 강사에게 직접 내시기 바랍니다.

문제 1 - (2)

(2) 문제의 문장에는 다음의 정보가 담겨 있습니다.

* 호스트 패밀리를 모집한다.

* 모집 유형

'호스트 패밀리 모집' 공지이므로 우선 호스트 패밀리를 모집한다는 사실을 첫 번째 문장에 적습니다.

> 우리 시에 거주하는 유학생을 받아 주실 호스트 패밀리를 모집합니다. 모집 유형에는 1~2박 홈스테이와 당일 홈비지트가 있습니다.

문제 2 ① ③

① '어린이 cafe'의 정보(언제, 어디서, 누구를 대상으로, 무엇을 하는지)를 한 문장에 담아 문장이 길어졌다.

② 처음에 등장하는 '카페'는 일반 명사이고 '어린이 cafe'는 고유 명사이므로 하나로 통일할 수 없다.

③ '미취학 아동', '~및'과 같은 표현은 시청의 공문서에서는 자주 사용한

다. 하지만 보호자를 위한 '어린이 cafe' 공지로는 약간 딱딱하고 거리
감이 느껴질 수 있다.

④ '어린이 cafe'는 월 1회만 열리기 때문에 육아 중 긴급한 상황이 발생했
을 때 대응하는 곳이 아니다. 긴급성을 드러낼 필요는 없다.

문제 3

해답 1: 문제 2의 문제점을 파악해 다음과 같이 수정했습니다.

• 한 문장에 하나의 정보만 넣는다.

• '미취학 아동', '~및'과 같은 표현은 더 부드러운 표현으로
바꾼다.

> 시민 센터의 카페는 매월 첫째 주 수요일에 '어린이 cafe'를
> 열고 있습니다. 대상은 아직 초등학교에 입학하지 않은 어린
> 이와 보호자입니다. 어린이 cafe에서는 다른 보호자와 교류하
> 거나 보육교사와 영양사에게 육아 상담을 받을 수 있습니다.

해답 2: '개최일', '장소', '대상'을 각 항목으로 나누어 씁니다.

> 시민 센터에서는 '어린이 cafe'를 열고 있습니다. 다른 보호자
> 와 교류하거나 보육 교사와 영양사에게 육아 상담을 받을 수
> 있습니다. 편하게 들러 주세요.
> 개최일: 매월 첫째 주 수요일
> 장소: 시민 센터 내 카페
> 대상: 아직 초등학교에 입학하지 않은 아이와 보호자

'보호자'라는 표현이 딱딱하니 '어머니'로 바꾸자는 의견이 있을 수 있습니다. 하지만 육아는 어머니만 하는 것은 아닙니다. 아버지 또는 조부모, 친척이 육아를 하는 경우도 있습니다. '어머니'라고 쓰면 그 외의 사람들은 자신은 제외라고 생각할 수 있습니다. 모든 대상을 배려하여 '보호자'라는 표현을 사용했습니다.

제5장

효율적으로
전달하기 위한
개선

설문 조사로
개선 결과를 확인한다

목적에 맞는 질문 항목을 정한다

개선 결과를 확인하는 방법의 하나로 설문 조사가 있다. 5.1에서는 스포츠 코칭 구독 서비스를 제공하는 웹사이트를 예로 설문 조사 작성법과 분석 방법을 소개한다.

해당 구독 서비스에는 다양한 이용권이 있고 이용권에 따라 요금과 회수가 달라진다. 하지만 이 웹사이트에는 각 이용권의 차이를 알기 어렵고, 예약 절차가 복잡해 헤매기 쉽다는 문제가 있었다.

그래서 각 이용권의 차이를 표 형식으로 설명하고 예약 절차도 간단하게 개선했다. 그리고 이 개선 결과를 확인하기 위해 웹사이트에서 설문 조사를 시행하기로 했다.

설문 조사의 목적은?

설문 조사를 할 때는 우선 조사의 목적을 정하고 글을 써야 한다. 설문 조사의 목적에 따라 질문 항목이 달라지기 때문이다.

설문 조사를 통해 무엇을 알고 싶을까? 당연히 개선 결과를 알고 싶을 것이나. 여기서 **조금 더 목적을 구체적으로 정하면 질문 항목을 만들기 수월해진다.** 그림 5.1.1과 같이 **문제점, 개선 내용, 목적, 궁금한 점에 관해서 질문**(의문문) **형식**을 취하면 서로 관련지어 생각할 수 있다.

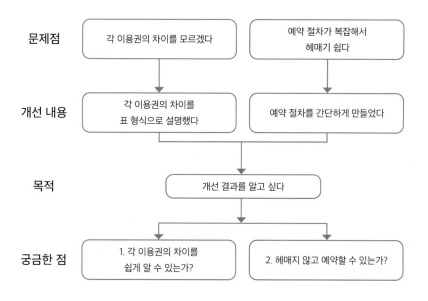

문제점	각 이용권의 차이를 모르겠다	예약 절차가 복잡해서 헤매기 쉽다
개선 내용	각 이용권의 차이를 표 형식으로 설명했다	예약 절차를 간단하게 만들었다
목적	개선 결과를 알고 싶다	
궁금한 점	1. 각 이용권의 차이를 쉽게 알 수 있는가?	2. 헤매지 않고 예약할 수 있는가?

▶ 그림 5.1.1 웹사이트의 문제점, 개선 내용, 설문 조사 목적을 도식화한다.

이번 설문 조사의 목적은 개선 결과를 파악하기 위해
다음 두 가지 사항을 조사하는 것입니다.

1. 각 이용권의 차이를 쉽게 알 수 있는가?
2. 헤매지 않고 예약할 수 있는가?

▶ 그림 5.1.2 설문 조사 목적을 글로 작성한다.

모호한 질문은 NO!

질문 내용이 모호해서 대답하기 어려운 질문이 있으면 설문 조사의 신뢰성이 떨어진다.

예문 5.1.1의 "이용권 설명이 이해하기 쉬워 망설이지 않고 선택할 수 있었습니까?"라는 질문은 '이해하기 쉬웠는가'와 '망설이지 않았는가'라는 두 가지를 묻고 있다. '이해하기 쉽지는 않았지만 선택을 망설이지는 않았다'

면 어떤 사람은 '네', 어떤 사람은 '아니오'라고 대답할지도 모른다. 같은 상황인데도 대답이 달라질 수 있는 설문 조사는 신뢰성이 떨어지는 결과를 낳는다.

고민하지 않고 대답할 수 있는 질문

사용자가 고민하지 않고 대답할 수 있도록 다음 사항에 신경 써야 한다.

- 질문 하나에 한 가지 정보만 묻는다.
- 알기 쉬운 단어와 표현을 사용한다.
- 질문 내용이 무엇인지 명확하게 표현한다.
- 대답을 유도하는 표현은 쓰지 않는다.

질문 항목뿐만 아니라 선택지도 중요하다. 이해도나 사용 편의성과 같이 수준을 묻는 항목의 선택지는 **선택지 간의 거리감이 일정하도록 표현을 조정해야 한다.**

예문 5.1.1의 '매우'와 '상당히'는 의미하는 수준이 비슷하다. 그에 비해 '매우'와 '대체로'는 차이가 벌어져 있어 선택지 간의 거리감이 일정하지 않다. 또한 '이해하기 쉽다'와 관련된 선택지는 세 개인데 '이해하기 어렵다'와 관련된 선택지는 하나뿐이다.

반면 예문 5.1.2는 '중간이다'를 중심으로 각 선택지의 거리감이 거의 일정하다. 중간에 '중간이다'를 넣을지 말지는 설문 조사의 목적과 질문 항목에 따라 달라진다. 중간 의견도 중요하다고 생각한다면 '중간이다'라는 선택지도 넣는다.

예문 5.1.3과 같이 **수치를 적용한 선택지**도 있다. 최소치와 최대치 위치에만 설명을 넣고 그 사이는 수치만 표시한다. 응답자는 수치를 선택한다.

이용권 설명이 이해하기 쉬워 망설이지 않고 선택할 수 있었습니까?'

    ○ 네   ○ 아니오

예약 절차는 이해하기 쉬웠습니까?

    ○ 조금 이해하기 어렵다   ○ 대체로 이해하기 쉽다
    ○ 매우 이해하기 쉽다   ○ 상당히 이해하기 쉽다

선택지 간의 거리감이 제각각

▶예문 5.1.1 대답하기 **곤란한 질문과 부적절한 선택지**

각종 이용권의 차이를 이해하셨습니까?

    ○ 전혀 모르겠다   ○ 대체로 모르겠다
    ○ 중간이다   ○ 대체로 이해했다
    ○ 완전히 이해했다

▶ 예문 5.1.2 대답하기 **편한 질문과 적절한 선택지**

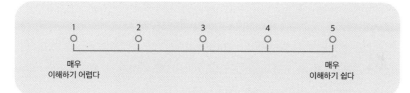

▶ 예문 5.1.3 **수치를 적용한 선택지**

설문 조사 전체의 틀을 구상한다

설문 조사는 **의뢰문, 질문, 속성, 감사의 말로 구성**된다.

의뢰문에는 제목, 설문 조사의 목적, 응답 데이터 관리 방침, 개인 정보 관

리 방침, 응답 예상 시간, 문의처 등의 내용이 들어간다. 사례금이 있다면 사례의 내용과 수령 방법에 관해서도 설명한다.

질문 수가 적으면 의뢰문에서 감사의 말까지 한 장으로 정리할 수도 있다. 하지만 질문 수가 많다면 그림 5.1.3과 같이 그룹을 나누고 적당한 표제어를 달아 두어야 구분하기 쉽다. 또는 그룹별로 페이지를 나눌 수도 있다.

속성은 응답자의 프로필을 말한다. 성별, 나이, 직업, 연봉, 학력, 결혼 여부 등이다. 단, 기업이 제공하는 서비스는 회원 가입 시에 성별 같은 개인 정보를 수집하는 경우가 많다. 설문 조사의 응답자가 회원뿐이라면 속성은 회원 가입 정보를 참고할 수 있으니 생략할 수 있다.

필수 응답 항목이 많을수록 응답 시간이 길어지고 응답자의 부담은 커진다. '언제 끝나지…'라는 생각이 들기 시작하면 대충 대답하거나 도중에 그만두는 사람이 생길 수도 있다. 따라서 목적에 맞춰 정말 필요한 정보만 묻도록 한다.

조사 전에 내용을 리뷰한다

설문 조사 내용을 작성했다면 동료나 지인에게 리뷰를 부탁해 보자. 이때 **실제 사용자라고 생각하고 대답**할 수 있도록 해야 한다. 자신은 이해하기 쉽게 작성했다고 생각해도 실제 응답을 받아 보면 대답하기 어려웠다는 평가를 받는 일이 많다. 응답시간도 측정해 봐야 한다. 예상보다 시간이 더 걸리기도 한다.

설문 조사에 협조 부탁드립니다.

본 설문 조사는 사이트 이해도에 관한 조사입니다. 설문 조사에 협조 부탁
드립니다.

• 응답 시간은 10분 정도 소요됩니다.
• 응답해 주신 모든 분께 10포인트를 드립니다.
• 응답 내용 및 개인 정보는 사이트 개선에 사용합니다. 그 외의 목적으로
  사용되지 않습니다.

설문 조사 관련 문의 사항은 ○○○@○○○○

▶ 예문 5.1.4 설문 조사 의뢰문의 예

제목	1. 이용권에 대해서	2. 예약에 대해서	설문 조사는 이상
의뢰문~~~~~~~~~ ~~~~~~~~~~~~~~ ~~~~~~~~~~~~~~ ~~~~~~~~	Q1.~~~~~~~~~~~? ○~~~~~~~~~~ ○~~~~~~~~~~ ○~~~~~~~~~~ ○~~~~~~~~~~ ○~~~~~~~~~~	Q1.~~~~~~~~~~~? ○~~~~~~~~~~ ○~~~~~~~~~~ ○~~~~~~~~~~ ○~~~~~~~~~~	입니다. 협조해 주 셔서 감사합니다.
1페이지			마지막 페이지
	Q2.~~~~~~~~~~~~? ○~~~~~~~~~~ ○~~~~~~~~~~ ○~~~~~~~~~~ ○~~~~~~~~~~	Q2.~~~~~~~~~~~~? ○~~~~~~~~~~ ○~~~~~~~~~~ ○~~~~~~~~~~ ○~~~~~~~~~~	
	2페이지	3페이지	

▶ 그림 5.1.3 설문 조사 페이지 구성의 예

• 질문의 요지가 무엇인지 이해하기 어려운 질문은 없는가?
• 불쾌한 질문이나 답하고 싶지 않은 질문은 없는가?
  (차별, 사생활 침해, 답이 정해져 있는 질문 등)
• 선택지는 고르기 편한가? (해당하는 선택지가 없을 때도 있다)

▶ 그림 5.1.4 설문 조사 내용 리뷰 시 주의점

여러 관점에서
설문 조사를 분석한다

속성과 연계해 분석한다

선택지를 사용해서 '이해도'와 '사용 편의성'의 수준을 파악하는 질문은
각 선택지의 응답 수를 집계해서 비율을 구할 수 있다. 여기서는 "각 이용
권의 차이를 이해하셨습니까?"라는 질문에 대한 각 선택지의 응답 수를
집계해서 자세하게 분석하는 방법을 소개한다.

나이대별 응답 수를 집계한다

표 5.2.1은 각 선택지의 응답 수를 집계해서 구한 비율이다. 또한 그림
5.2.1은 각 선택지의 응답 수를 그래프로 나타냈다. 그래프로 나타내면 결
과를 시각적으로 인식할 수 있다.

그림 5.2.1을 보면 '대체로 이해했다'라는 대답이 가장 많았고, 다음으로
'완전히 이해했다'가 많았다는 사실을 알 수 있다. '전혀 모르겠다'와 '대
체로 모르겠다'는 대답은 소수였으니 웹사이트 개선은 성공한 듯 보인다.
하지만 사용자의 나이대는 다양하다. 나이대에 따른 이해도의 차이는 없
었을까? 설문 조사에서 나이를 물어 보면 나이대별 각 선택지의 응답 수
를 집계할 수 있다. (표 5.2.2) 이처럼 **두 종류의 질문**('이용권에 대한 이해도'와
'나이')을 조합한 표를 크로스 집계표cross tabulation라고 한다.

그림 5.2.2와 그림 5.2.3은 크로스 집계표를 근거로 작성한 20대와 50대의
그래프다. 그래프를 보면 20대는 '완진히 이해했다', '대제로 이해했다'라

는 대답이 많아 개선 효과가 나타나고 있지만, 50대는 '대체로 모르겠다'
가 가장 많다. 즉, 50대에게는 아직 이해하기 어려운 부분이 있다고 볼 수
있다.
이렇게 사용자의 속성(나이, 성별, 직업, 연봉 등)과 연계해서 분석하면 속성
별 경향을 파악할 수 있다.

▶ 표 5.2.1 "각 이용권의 차이를 이해하
셨습니까?"라는 질문의 응답 결과

	응답 수	비율
전혀 모르겠다	6	4.1%
대체로 모르겠다	18	12.4%
중간이다	26	17.9%
대체로 이해했다	54	37.2%
완전히 이해했다	41	28.3%

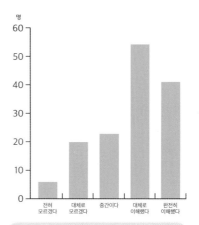

▶ 그림 5.2.1 응답자 전원의 그래프

	20대	30대	40대	50대
전혀 모르겠다	0	0	2	4
대체로 모르겠다	1	2	5	10
중간이다	3	6	9	8
대체로 이해했다	14	21	14	5
완전히 이해했다	19	18	4	0

▶표 5.2.2 크로스 집계표(나이대별 응답 수)

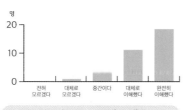

▶ 그림 5.2.2 20대 그래프

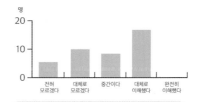

▶ 그림 5.2.3 50대 그래프

자유 기술을 통해 상세한 정보를 수집한다

선택지가 있는 질문으로 응답자의 경향성은 파악할 수 있지만 '어느 부분이 이해하기 쉬운지/어려운지', '그 이유는 무엇인지'와 같은 구체적인 사항은 알 수 없다. 따라서 자세한 정보를 얻으려면 설문 조사 안에 자유 기술 칸을 만들어야 한다.

자유 기술 내용에 라벨링을 한다

그림 5.2.4는 선택지에서 '각 이용권의 차이에 관한 이해도'를 물은 후 '어떤 부분이 이해하기 쉬웠는지/어려웠는지' 자유롭게 기술하도록 했다. **수집한 자유 기술 데이터는 스프레드시트를 이용해 라벨링**labeling**하면** 분석하기 편하다. (표 5.2.3) 예를 들면 '표가 이해하기 쉽다'라는 응답에는 '표'라는 라벨을 달아 두는 식이다. '글자가 크고 색이 예쁘다'처럼 여러 가지 의견이 섞여 있다면 각각 '글자 크기'와 '색'으로 라벨링한다. **라벨링한 후에는 각 라벨의 개수를 집계한다.** (표 5.2.4) 라벨의 개수를 보면 어떤 부분이 이해하기 쉬웠는지/어려웠는지 알 수 있고 다음 개선에 참고할 수 있다.

다양한 분석 방법을 익힌다

통계학에서는 인원수처럼 수량화할 수 있는 데이터를 양적 데이터, 자유 기술과 같은 문자 데이터를 질적 데이터라고 한다. 그리고 양적 데이터를 이용한 평가를 정량 평가, 질적 데이터를 이용한 평가를 정성 평가라고 한다. 정량 평가와 정성 평가를 시행하는 방법은 다양하다. 이 챕터에서 소개한 크로스 집계표나 라벨링도 이런 분석 방법의 하나다.

더 많은 분석 방법을 알고 싶다면 입문자를 위한 통계학 서적을 추천한다. 통계학을 이용한 분석 방법을 공부하면 더 유익한 정보를 얻을 수 있다.

Q1 각 이용권의 차이를 이해하셨습니까?

○ 전혀 모르겠다　　　○ 대체로 모르겠다
○ 중간이다　　　　　 ○ 대체로 이해했다
○ 완전히 이해했다

Q2 어떤 부분이 이해하기 쉬웠습니까?

Q3 어떤 부분이 이해하기 어려웠습니까?

▶ 그림 5.2.4 자유 기술 칸을 만든 설문 조사

응답자 No	Q1 각 플랜의 차이	Q2 이해하기 쉬운 부분	라벨	Q3 이해하기 어려운 부분	라벨
1	완전히 이해했다	표가 이해하기 쉽다	표	특별히 없다	없음
2	대체로 이해했다	글자가 크다	글자 크기		무응답
3	전혀 모르겠다		무응답	색 사용	색
4	전혀 모르겠다	없다	없다	글자가 많다	글자 수
145	대체로 이해했다	비교표	표	색이 너무 많다	색

▶ 표 5.2.3 자유 기술 내용의 라벨링

라벨	개수
없음	55
색	26
글자수	21
무응답	43

▶ 표 5.2.4 '이해하기 어려운 부분'에 붙은 라벨의 개수

169

비교해서 확인한다

망설여진다면 시험해 본다

웹을 활용한 서비스는 운영 중에도 계속 업데이트된다. '회원 가입 수가 기대보다 적다.' '다른 메뉴 화면도 확인해야 하는데 첫 페이지에서 나가 버린다.' 이런 문제가 고민이라면 'A/B 테스트'를 활용해 보자.

A/B 테스트는 A 유형과 B 유형의 디자인을 준비해서 어느 쪽이 더 목적에 가까운 효과를 내는지 검증하는 방법이다. 화면 디자인을 개선할 때 쏟아지는 다양한 아이디어들을 탁상공론으로만 끝내지 않고 실제로 적용해 볼 수 있는 방법이다. 그림 5.3.1과 같이 디자인 A와 B를 준비해 조건에 맞춰 어느 디자인이 목표에 가까운 수치를 달성하는지 분석한다.

효과적인 A/B 테스트 방법

A/B 테스트는 A 유형이 좋은지, B 유형이 좋은지 가설을 세우고 비교하는 방법으로, 개선을 목표로 한다. 따라서 효과적인 사용자 경험을 제공하기 위해 서비스를 개발하는 최초 디자인 프로세스에서는 사용하지 않는다. **운영 단계에서 더 나은 디자인으로 개선하기 위해 사용한다.**

A/B 테스트를 성공시키려면 다음과 같은 목적을 명확하게 해야 한다.

- 홈 화면에서 다음 페이지로 이동하는 비율을 높인다.
- 웹사이트 이탈률을 낮춘다.

A/B 테스트는 주로 앱 검색이나 광고를 통해서 접속한 홈 화면에서 다음 화면까지 보는 사람을 어떻게 늘릴 것인지 고민할 때 사용한다. 검증하는 부분의 범위를 좁혀야 효과적이기 때문에 그림 5.3.2와 같은 요소 중 하나를 골라 A 유형과 B 유형을 제작한다.

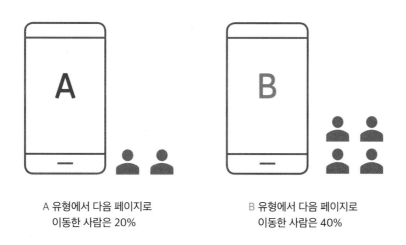

A 유형에서 다음 페이지로
이동한 사람은 20%

B 유형에서 다음 페이지로
이동한 사람은 40%

▶ 그림 5.3.1 A, B 유형의 디자인을 준비해 어느 쪽이 효과적인지 비교한다.

메인 카피
(가입을 유도하는 설명)

이미지

가입 버튼 문구
(마이크로카피)

▶ 그림 5.3.2 A/B 테스트 검증에 적합한 화면 요소

행동을 끌어내는 표현인지 검증한다

화면에서 검증할 요소를 결정했다면 두 가지 유형을 만든다. 이때 **비교할 요소는 한 가지로 한정해야 한다.** 메인 화면에서 다른 화면으로 이동하는 버튼에 들어갈 문구를 검증한다면 버튼의 크기와 색, 위치는 똑같이 유지하고 문구만 두 가지 유형으로 만든다. 그림 5.3.3과 같이 '회원가입'이라는 간략한 기능명을 적용한 A 유형과 '지금 시작하기'처럼 사용자의 행동을 유도하는 문구를 적용한 B 유형 중에 어느 쪽을 더 선호하는지 검증하는 식이다. 그 결과 B 유형에서 다음 화면으로 이동하는 사람이 더 많았다면 다른 문구를 추가로 준비해서 효과가 더 좋은 표현이 무엇인지 검증해 간다.

검증할 때는 실제 웹사이트에 두 가지 유형이 뜨도록 준비해서 검증하는 방법 외에도 A/B 테스트 효과 검증 툴을 사용하는 방법이 있다.

정량만이 아니라 정성 평가도 검토한다

A/B 테스트는 웹사이트를 재구축할 만큼 대대적인 변경을 하지 않고 현재 사이트에서 효과를 극대화하는 효율적인 방법이다. 다만 이 방법은 어느 쪽을 선택한 사람이 많았는지 수치를 조사해, 가설을 바탕으로 디자인한 A 유형과 B 유형의 실제 결과를 확인하는 정량 평가일 뿐이다. **어째서 B 유형이 좋았는지는 알 수 없다.** 이유를 파악하고 사용자 니즈와 미처 깨닫지 못했던 문제를 알아내려면 인터뷰 같은 정성 평가가 필요하다.

웹 해석, 설문 조사, A/B 테스트, 운영 단계에서 각 방법으로 할 수 있는 일과 할 수 없는 일, 장단점이 무엇인지를 이해하고 적합한 평가 방법을 선택하거나 조합해서 시행해 보자.

A 유형   B 유형

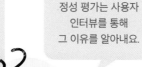

A/B 테스트는 어느 화면이 효과적인지 수치로 검증하지만, 그 이유는 알 수 없어요.

정성 평가는 사용자 인터뷰를 통해 그 이유를 알아내요.

▶ 그림 5.3.3 정량 평가와 정성 평가를 구분해 사용한다.

리뷰를 통해 완성도를 높인다

언제?

리뷰는 완성 또는 제작 중인 대상이 목적에 적합한가, 목적을 달성했는가를 다시 한 번 확인하는 일이라 할 수 있다.

리뷰는 완성 버전만이 아니라 개발 중간 단계에서도 한다. 그림 5.4.1은 웹사이트의 개발 단계 사례를 보여 준다. 중간 단계에서 리뷰를 하지 않고 최종 완성 버전으로 리뷰를 진행한 결과 '사이트 전체 페이지 구성에 문제가 있음. 수정 필요!'와 같은 의견을 받으면 정말 큰일이다. 지금까지 쏟아부은 시간이 헛수고가 되어 버린다. 그런 일이 벌어지지 않도록 **기획 단계, 설계 단계, 제작 단계 등 각 단계에서 반드시 리뷰를 진행**해야 한다.

누가?

리뷰는 개발자만이 아니라 그 상품과 서비스에 관련된 사람이 모두 참여해야 한다. 리뷰하는 사람을 '리뷰어reviewer'라고 하는데, 다음과 같은 사람들이다.

- 디렉터/매니저: 프로젝트 전체를 관리한다.
- 디자이너: 페이지 레이아웃 등을 디자인한다.
- 라이터: 텍스트(글)를 작성한다.
- 교열: 글의 오류, 표현의 통일싱 등을 확인한다.

• 고객 지원 담당자: 평소에 사용자와 접촉하는 업무를 담당한다.

  FAQ 담당자, 사용자 세미나 강사, 영업직 등이 포함된다.

또는 베타 버전으로 사용자에게 리뷰를 받기도 한다.

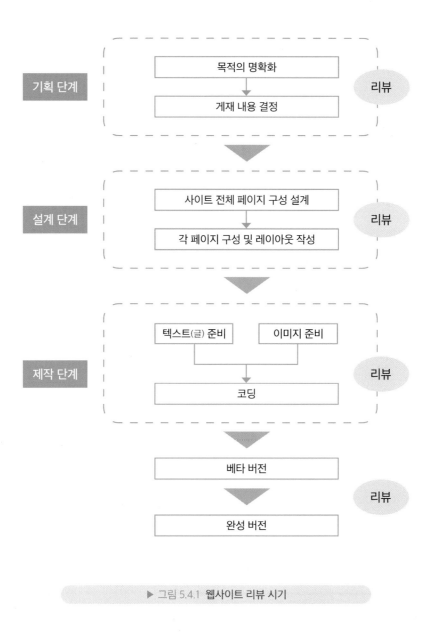

▶ 그림 5.4.1 웹사이트 리뷰 시기

어떻게?

'리뷰 부탁드립니다'라는 말을 들으면 무엇을 어떻게 리뷰하면 되는지 몰라 당황하게 된다. 그런 사람을 위해 용어집을 사용하는 방법과 체크 리스트를 사용하는 방법을 소개한다.

용어집으로 확인하기

여러 담당자가 텍스트(글)를 쓰면 전문 용어가 통일되지 않을 때가 있다. 각 담당자가 작성을 완료한 후에 용어를 통일하려면 시간과 노력이 들고, 미처 확인하지 못한 부분이 생길 가능성도 있다.

그래서 처음부터 '용어집'을 만들어야 한다. 그림 5.4.2는 스프레드시트를 사용해 용어집을 작성한 예다. **'사용 표현'과 '사용 불가 표현'을 표로 정리해 두면 글을 쓰면서도 확인할 수 있고, 리뷰 시에도 용어를 확인하기 수월하다.**

통일이 필요한 용어는 생길 때마다 계속 추가한다. '읽기' 열을 오름차순으로 정렬하면 항상 가나다순으로 정리할 수 있어 찾기가 편하다.

체크 리스트로 확인하기

체크 리스트는 항목을 무조건 나열하지 말고, **확인해야 하는 관점별로 체크 항목을 나누어 두어야 쉽게 확인할 수 있다.**

표 5.4.1의 체크 리스트는 텍스트를 확인하기 위한 것이다. '단어', '문장', '구성', '형식'으로 관점을 나누었다.

확인할 때는 이 관점 단위로 확인해야 한다. 먼저 '단어'를 확인하고 다음에 '문장'을 확인하는 식이다. 모든 관점의 모든 체크 항목을 동시에 확인하기는 불가능에 가깝고 자칫 놓칠 수도 있다. 관점별로 확인하는 편이 누락을 막을 수 있어 효율적이다.

	A	B	C
1	사용 표현	사용 불가 표현	읽기
2	꼬리말	푸터	꼬리말
3	사용자 ID	이용자 ID	사용자 아이디
4	서버	server	서버
5	Web 서버	www 서버	웹 서버
6	Web 페이지	페이지, 홈페이지	웹 페이지
7	컴퓨터 바이러스	바이러스	컴퓨터 바이러스
8	파일 크기	파일 용량	파일 크기
9	파일 형식	파일 종류	파일 형식
10	표제	헤더	표제

▶ 그림 5.4.2 스프레드시트를 사용한 용어집

관점	체크 항목
단어	□ 같은 내용은 같은 단어로 표현했는가?
	□ 전문 용어를 설명 없이 사용하지 않았는가?
	□ 대상을 알 수 없는 지시대명사는 없는가?
	□ ~~~~~~~~~~~~~~~~~~~~~~?
문장	□ 주어와 서술어가 대응하는가?
	□ 쉼표는 적절한 위치에 찍었는가?
	□ 한 문장에 한 가지 정보만 담고 있는가?
	□ ~~~~~~~~~~~~~~~~~~~?
구성	□ 제목의 계층 구조는 적절한가?
	□ 제목에 중복/누락/오류는 없는가?
	□ ~~~~~~~~~~~~~~~~~~?
형식	□ 글자 크기는 적절한가?
	□ 글자 폰트는 적절한가?
	□ ꙰꙰꙰꙰꙰꙰꙰꙰꙰꙰꙰꙰꙰꙰?

▶ 표 5.4.1 체크 리스트의 일부분

조직 차원에서 평가/개선 프로세스를 반복한다

서비스 개시 후에도 노력은 계속된다

사용자 경험에 주목한 서비스는 상품을 공개한 후에도 끊임없이 개선을 계속한다. 3.1에서 설명한 UX 디자인 프로세스에서는 그림 5.5.1과 같이 마지막 단계인 **제공에서 끝나지 않고 다시 최초의 '조사/분석' 단계로 돌아간다.** 제공한 상품을 평가하면서 다음 버전이나 새로운 기능, 새로운 서비스 추가 계획으로 이어 가는 것이다.

UX 디자인에서는 그림 5.5.2와 같이 **제품과 서비스를 제공한 후 사용자와 함께 새로운 경험과 가치를 창조하는 관계성을 구축하는 것**이 중요하다.

제공 단계에서 해야 할 일

UX 디자인 프로세스에서는 제공 단계에서 다음 세 가지 작업을 진행한다.

• 디자인 지침 정리   • 콘셉트 북 제작   • 장기적 모니터링

'디자인 지침'은 제품, 서비스의 기획서와 디자인 관련 스펙을 바탕으로 작성한다. 시각 디자인에서는 브랜드 컬러나 로고처럼 제품 브랜드와 관련된 이미지를 적용해 디자인을 통일할 수 있도록 지침을 제시한다. 제품과 서비스에서 사용할 글과 용어 스타일도 정해 둔다.

'콘셉트 북'은 제품과 서비스의 콘셉트를 알기 쉽게 표현한 것이다. 전 팀원이 공유하고 새로 참여하는 구성원에게 올바른 콘셉트를 알려 주기 위해 사용한다.

'장기적 모니터링'은 UX 디자인 측정법을 사용하여 초기 계획에서 설정한 성과나 목표했던 사용자 경험 제공 여부를 계속 측정하는 작업이다.

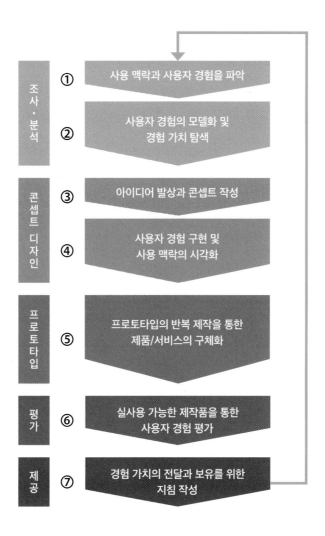

▶ 그림 5.5.1 UX 디자인 프로세스. 제공 후에는 조사/분석 프로세스로 돌아간다.

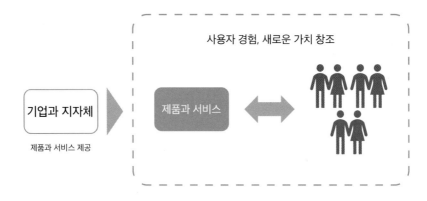

사용자 경험, 새로운 가치 창조

기업과 지자체

제품과 서비스 제공

제품과 서비스

▶ 그림 5.5.2 UX의 발전 모습. 더 나은 경험을 제공하고 새로운 가치를 창조한다.

경영자 설득도 중요

조직 내에 UX 디자인을 정착시키려면 경영자의 이해와 추진력이 필요하다. 하지만 현 관점에서 경영진에게 UX나 디자인적 사고를 이해시키기란 그렇게 간단한 문제가 아니다. 일본 정부도 일본 기업이 서비스 디자인적 사고방식을 도입해 새로운 비즈니스를 창조해야 살아남을 수 있다며 노력을 기울이고 있다. 2018년 일본 특허청에서 발표한 보고서 〈디자인을 모르는 비즈니스인을 위한 '디자인 경영' 핸드북〉, 〈'디자인 경영'의 과제와 해결 사례〉도 그 노력의 결과다.

두 보고서는 그림 5.5.3에 나타난 8개 문제를 찾아내 한발 앞서 해결한 기업의 사례를 소개한다. 일례로 파나소닉^{Panasonic}은 '① 경영진의 이해 부족'이라는 문제를 해결하기 위해 '경영진이 이해할 수 있는 언어로 디자인을 설명'하는 일에 힘을 쏟았다고 쓰여 있다.

UX 라이팅을 활용해 조직의 이해를 높인다

UX 라이팅은 제품과 서비스에 적용해 사용자가 쉽게 이해할 수 있는 설명문을 작성하는 일뿐만 아니라, **조직 내 관계자에게 같은 생각을 심어 업무를 원활하게 이끌어 가는 일에도 많은 도움을 준다.**

경영진을 이해시키고, 입장이 다른 여러 사람이 하나의 디자인 콘셉트에 근거한 양질의 제품과 서비스를 제공하려면 다양한 문서와 도구를 활용할 수밖에 없다. 이때 UX 라이팅이 필요하다.

예를 들어 '콘셉트 북'을 제작할 때는 관계자들이 쉽게 이해하고 공감해서 업무에 적용할 수 있는 표현이 필요하고, 5.4에서 리뷰 방법으로 소개한 용어집과 체크 리스트를 작성할 때도 UX 라이팅 기술을 활용할 수 있다. 또한 각 프로세스에서 노하우를 공유해 효율적이고 효과적으로 추진하기 위한 업무 연락을 작성할 때도 UX 라이팅 기술이 도움이 된다. 그림 5.5.4 와 같이 각 업무 프로세스에서 사용하는 문서와 메일, 메시지 작성에 UX 라이팅을 활용해 보자.

디자인 경영의 과제

① 경영진의 이해 부족   ② 회사 전체의 의식 불일치
③ 용어와 이해 내용의 불일치   ④ 인재 관리와 인사
⑤ 정량화할 수 없는 효과   ⑥ 조직 체제와 평가 자료의 부재
⑦ 비즈니스와 디자인의 양립   ⑧ 기존 프로세스로의 병합

출처: 일본 특허청 「디자인 경영」의 과제와 해결 사례'

▶ 그림 5.5.3 **디자인 경영의 과제**

콘셉트 북을 통해 알기 쉬운 '언어'로 디자인에 관한 생각과 UX를 늘리기 위한 전략을 제공한다.

원고 작성과 리뷰를 위한 체크 리스트에 UX 라이팅으로 이해도를 높일 수 있는 포인트를 집어넣는다.

사용자와의 교류와 사내외 업무 연락은 사용자 관점으로 작성한다.

▶ 그림 5.5.4 **업무 프로세스에 UX 라이팅을 활용한다.**

연습 문제

5장에서 예로 든 스마트폰에서 사용하는 '피트니스 앱'을 대상으로 사용자용 설문 조사를 설계해 봅시다.

문제 1

한 달간의 무료 체험 기간이 끝나고 유료인 스탠다드 플랜 이용권을 구매한 회원에게 요금의 타당성을 조사하는 설문 조사를 하려고 합니다. 선택지를 어떻게 구성하시겠습니까?

질문과 응답을 위한 선택지를 생각해 봅시다.

이용권	서비스 내용	월정액 요금 (부가세 별도)
라이트 플랜	• 매주 피트니스 프로그램 7개를 제공	5,000원
스탠드다드 플랜	• 매주 피트니스 프로그램 14개를 제공 • 운동 시간 기록 가능	10,000원
엑설런트 플랜	• 매주 피트니스 프로그램 21개를 제공 • 운동 종류와 시간 기록 가능, 조언 받기 가능	20,000원

▶ 이용권과 요금표

Q1 _____

_____

○ _____

○ _____

○ _____

○ _____

○ _____

문제 2

이 서비스는 라이트 플랜에서 엑설런트 플랜로 이동하는 사람이 늘지 않아 고민입니다.

엑설런트 플랜을 선택하지 않는 이유를 조사하기 위해 자유 기술 칸을 포함한 질문과 선택지를 생각해 봅시다.

Q2 _____

_____

○ _____

○ _____

○ _____

○ _____

○ _____

해답과 해설

5.1과 5.2를 참고하여 설문 조사 질문을 작성해 봅시다.
의도를 파악하기 쉽고 답하기 쉽도록 설계하는 것이 중요합니다.

문제 1

엑설런트 플랜 요금의 타당성 조사를 위해 금액이 적정한지를 묻는 질문으로 설정합니다.
예를 들어, 비싼 요금이 문제라고 생각한다면 다음과 같은 질문과 선택지를 적용할 수 있습니다.

> Q1 '엑설런트 플랜'은 시도할 수 있는 프로그램이 다양하고 각 과정에 맞는 조언도 얻을 수 있습니다. 이 서비스의 월정액 요금에 대해 어떻게 생각하십니까? 다음에서 골라 주세요.
>
> ○ 매우 비싸다
> ○ 약간 비싸다
> ○ 적당하다
> ○ 약간 저렴하다
> ○ 매우 저렴하다
> ○ 모르겠다

문제 2

엑설런트 플랜을 선택하지 않은 이유가 무엇인지 사용자 관점에서 선택지를 작성해 봅시다.

복수 응답이 가능한 선택지를 작성할 때는 비슷한 선택지를 묶어서 위치시키면 대답하기 수월합니다.

Q2 '엑설런트 플랜'을 선택하지 않은 이유는 무엇입니까? 복수 응답도 가능합니다.

☐ 요금이 비싸서

☐ 프로그램이 너무 많아서

☐ 프로그램 내용이 기대와 달라서

☐ 시간이 없어서

☐ 조언이 필요 없어서

☐ 기타(자유롭게 작성해 주세요)

혼자서 UX 라이팅을 시작하기 위한 팁!

'UX 디자인이나 UX 라이팅의 중요성을 이해하고 업무에 활용하고 싶지만, 어디서부터 시작해야 할지 모르겠다.' 이런 사람을 위해 오늘부터 혼자서 UX 라이팅을 시작할 수 있는 팁을 정리했다.

'UX? 무슨 도움이 되지?' 주변에서 아무도 모른다면

UX 디자인과 사용자 경험이 중요하다고 아무리 설명해도 여러분의 동료나 상사는 동의해 주지 않을지도 모른다. '디자인적 사고'나 '서비스 디자인'에 관해 아무리 설명해도 도무지 모르겠다는 표정만 지을 수도 있다.

하지만 포기해서는 안 된다. 원래 새로운 방식은 모든 사람에게 환영받기 어렵다. 변화를 원하지 않고 새로운 도전을 귀찮게 생각하는 사람도 있다. 만약 '해 보고 싶다', '변하고 싶다'는 생각이 든다면 우선은 작은 도전부터 시작해 보자. 회사에서 사소한 업무 개선 아이디어를 제안하는 일이나 프로젝트 문서를 정리하는 일이어도 상관없다. 자신이 할 수 있는 일에 UX 디자인적 사고방식을 적용해 결과물을 만들어 보자. 그림 1은 3장에서 소개한 UX 디자인 프로세스 그림에 무엇을 할 수 있는지를 덧붙인 것이다. UX 디자인 프로세스를 사용해 조사/분석하고, 콘셉트 디자인을 잡아 프로토타입을 제작해 보자.

작게 시작해 한 걸음씩 올라간다

실제 서비스 디자인에서도 작은 프로토타입을 만들어 평가하고, 분석해서 개선하는 과정을 반복한다.

혼자서라도 이러한 프로세스에 따라 일을 진행하는 경험을 해 두면 기회가 왔을 때 활용할 수 있다. 사용자 평가 단계에서 처음부터 좋은 평가를 받는 일은 드물다. 사용자가 상사라면 냉정한 지적을 받을지도 모른다.

하지만 이런 경험을 바탕으로 계속 개선해 나가는 자세가 다음 단계를 여는 열쇠가 된다. 이해를 얻지 못했다면 이해할 수 있도록 자료를 만들고, 평소 나누는 대화에서 상대가 무엇을 원하고 어떤 안이면 받아들일지, 상대의 니즈를 파악한다. 할 수 있는 일은 너무나 많다.

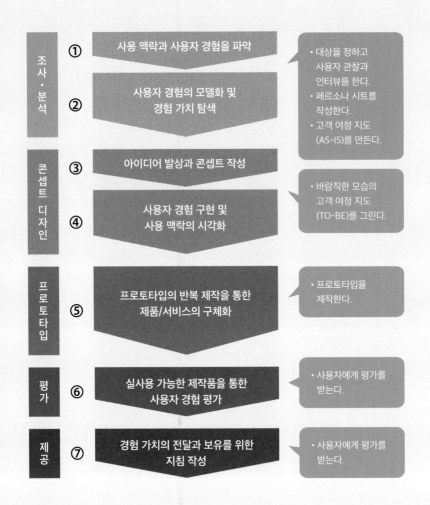

▶ 그림 1 UX 디자인 프로세스와 실천 과제

지식과 인맥을 늘린다

실제로 실천하다 보면 모르는 점이나 문제점이 드러나기 시작한다. 이러한 약점을 보완하는 효과적인 방법이 사외 스터디나 연구 모임이다. 요즘은 온라인 스터디도 많이 생겼다.

'초보자인데 괜찮을까…'라며 주눅들 필요는 없다. 일방적으로 배우고 흡수하지만 말고, 자기 나름대로 생각하고 궁금했던 사항을 질문하거나 발언해 보자. 발표자와 다른 참가자에게는 그 질문 자체가 도움이 된다.

지식과 인맥을 쌓으며 한 단계씩 성장하는 과정에서 그 길에 무엇이 있는지 알아 가며 자신의 미래를 그려 보자. UX 디자인적 사고와 그 결과물인 글쓰기 능력을 무기로 자신의 경력을 스스로 디자인하자.

마치며

'UX 라이팅'을 주제로 한 이 책을 끝까지 읽어 주셔서 감사합니다. 아직은 생소한 'UX 라이팅'에 대해 이해하고 업무에 활용할 수 있는 정보를 얻으셨다면 저자로서 그보다 기쁜 일은 없을 겁니다.

이 책은 2018년도부터 '인간중심설계추진기구^{HCD-Net}'의 기초인정제도검토 실무그룹에 참여해서 UX 디자인 관련 서적을 찾는 작업을 하던 중, 제목이나 개요에 'UX Writing'이라는 키워드를 넣은 책이 계속 등장하는 것을 보고, 일본에도 UX 라이팅 관련 책이 있었으면 좋겠다는 생각으로 만들게 되었습니다. 그런데 관련 서적들을 모아 읽으면서 UX 라이팅을 마케팅이나 화면에 표시하는 마이크로카피만이 아니라, 고객과의 소통, 사내 구성원 간의 소통에도 활용할 수 있겠다는 생각이 들었고, '비즈니스인의 신 교양'으로 좀 더 범위를 넓혀 다음과 같은 방침으로 구성하게 되었습니다.

'사용자'의 범위는 넓게

이 책은 '사용자 경험^{UX}'에서 사용자를 고객과 이용자에 국한하지 않고 관계자까지 포함해 폭넓게 보았습니다. 기업이라면 정보 시스템 담당자만이 아니라 분석한 정보를 이용하는 관계자까지 사용자로 보았습니다.

사용자의 행동을 보고 마음의 소리를 듣는다

사용자 경험을 높이려면 무엇보다 사용자를 잘 알아야 합니다. 하지만 아무리 파악하려 노력해도 그들이 불편해하는 부분이나 문제를 전부 파악하지 못하는 경우가 많습니다. 그래서 UX 디자인 프로세스를 활용해 사용자의 행동을 분석하고 니즈를 파악하는 방법을 소개했습니다.

사용자의 마음에 다가가 경험의 가치를 높인다

사람은 어떨 때 쾌적함을 느끼고, 어떤 식으로 말해야 마음을 놓을까? 앞으로의 사회에서는 사람을 중심에 둔 서비스적 사고가 더욱 중요해질 것입니다.

2020년은 전 세계로 확산된 코로나바이러스감염증 탓에 우리의 비즈니스와 라이프스타일 모두 크게 변해서 앞으로 어떻게 살아야 할지를 고민하게 만든 해였습니다. 공저자인 도미나가 아쓰코 씨와도 직접 만나기 어려워 각자 도쿄와 하코다테에서 온라인 회의 툴과 메일을 이용해 소통하면서 이 책을 집필하였습니다.

사람 사이의 거리를 두는 방법과 연결되는 방법을 같이 생각해야 했던 해이기에 서로의 이해를 돕는 '언어'의 사용 방법을 진지하게 생각해 볼 수 있는 기회가 아니었나 싶습니다.

앞으로도 UX 라이팅 기술을 활용해 가기 위해서 독자 여러분들과 함께 다음 단계로 나아갈 수 있기를 희망합니다.

감사의 말

바쁜 일정에도 취재에 응해 주시고 원고 집필에 많은 도움과 조언을 주신 분들께 진심으로 감사의 말씀을 드립니다.

HCD-Net의 하야카와 세이지 전 사무국장님, 주식회사 콘센트의 오자키 유 디자이너, 구로사카 신 디자이너, 오타 분메이 매니저, 이와다테 유카 씨, 주식회사 야마하뮤직 재팬 고객 커뮤니케이션 센터의 히라이 다이세 이 센터장님, 이케가미 겐이치 팀장님, 공립 하코다테미라이 대학의 와다 마사아키 교수님, 오사와 에이이치 교수님, 사쿠라자와 시게루 교수님과 온라인 강의를 위해 고생하신 공립 하코다테미라이 대학의 교직원분들, 화면 사용을 허락해 주신 기업 관계자분들. 모든 분께 정말 감사합니다.

다카하시 시게코

실무에 바로 써먹는 UX 라이팅

따라만 하면 되는 마이크로카피 작성법

초판 발행   2023년 3월 17일

펴낸곳   유엑스리뷰

발행인   현호영

지은이   다카하시 시게코, 도미나가 아쓰코

옮긴이   이은혜

편 집   유엑스리뷰 마이크로카피팀

디자인   장은영

주 소   서울시 마포구 백범로 35, 서강대학교 곤자가홀 1층

팩 스   070.8224.4322

이메일   uxreviewkorea@gmail.com

ISBN 979-11-92143-74-3

ビジネスマンのための新教養 UXライティング
(Business man no tameno Shin kyoyo UX writing : 6745-9)
© 2020 Shigeko Takahashi, Atsuko Tominaga
Original Japanese edition published by SHOEISHA Co.,Ltd.
Korean translation rights arranged with SHOEISHA Co.,Ltd.
in care of HonnoKizuna, Inc. through KOREA COPYRIGHT CENTER
Korean translation copyright © 2023 by UX REVIEW